Feild · Das atmende Leben

Reshad Feild

Das atmende Leben

Wege zum Bewußtsein

Aus dem Englischen
von Jochen Eggert

Eugen Diederichs Verlag

Titel der Originalausgabe: Breathing Alive – A Guide to Conscious Living
(erschienen 1988 bei Element Books Ltd., Longmead, Shaftesbury, Dorset)

CIP-Titelaufnahme der Deutschen Bibliothek

Feild, Reshad:
Das atmende Leben : Wege zum Bewußtsein / Reshad Feild.
[Aus dem Engl. von Jochen Eggert]. – München : Diederichs,
1989
ISBN 3-424-00973-3

© der deutschen Ausgabe 1989 Eugen Diederichs Verlag,
München

Umschlaggestaltung: Dieter Zembsch
Produktion: Tillmann Roeder, München
Satzherstellung: Fotosatz Otto Gutfreund, Darmstadt
Druck und Bindung: Wagner GmbH, Nördlingen

ISBN 3-424-00973-3

Printed in Germany

Inhalt

*Für alle, die den Weg der Wahrheit gehen
oder ihn noch suchen.*

Reshad Feild, geb. 1935, ist bekannt geworden durch Bücher sufischer Selbsterfahrung: *»Ich ging den Weg des Derwisch«* (dt. Gesamtauflage 110 000) und *»Das Siegel des Derwisch«* (25. Tsd.). Er arbeitete mit Pir Vilayat Khan und John Bennett in Paris zusammen, er lebte viereinhalb Jahre beim Sufi-Meister Rauf Bulent. In den USA gründete er das »Institut des Bewußten Lebens« und wurde von Suleyman Dede zum Scheich der Mevlevi-Derwische initiiert (1975). Reshad Feild leitet Workshops und Seminare – mittlerweile in ganz Europa und mit wachsendem Erfolg.

Vorwort zur deutschen Ausgabe

Seit ich über meine Erfahrungen mit den Derwischen des Mittleren Ostens in *The Last Barrier (Ich ging den Weg des Derwisch)* berichtet hatte, wollten immer mehr Menschen überall in der Welt Näheres über meine spirituelle Reise wissen und über die Erkenntnisse, die mir als Ergebnis meines inneren Fragens zugewachsen sind. In *The Invisible Way (Das Siegel des Derwisch)*, *Steps to Freedom (Schritte in die Freiheit)* und *Here to Heal (Leben um zu heilen)* erzählte ich weitere Einzelheiten und bezog auch immer mehr die grundlegenden Theorien und Lehren ein, mit denen ich arbeite.

Im letzten Jahr wurde mir klar, daß es für uns hier und heute wohl am nötigsten sei, ein Buch über den Atem zu schreiben – eines, das von jedem gelesen werden kann und nicht nur von denen, die bereits auf dem spirituellen Pfad sind. Atem *ist* Leben, und an diesem Dreh- und Angelpunkt der Geschichte, an dem wir endlich die allem zugrundeliegende Wahrheit erkennen müssen, die Essenz der spirituellen Lehren aller Zeiten, ist der Atem ein Schlüssel. Aus solchen Überlegungen heraus wurde *Das atmende Leben* geboren.

Die Ideen zu meinen Büchern bereiten sich tief in meinem Herzen vor. Manchmal nimmt dieser Prozeß Jahre in Anspruch, bis es dann plötzlich möglich wird, in ganz einfacher Sprache niederzuschreiben, was im Grunde ein Destillat meiner tagtäglichen Arbeit ist. Während ich an diesem Buch arbeitete, konnte ich an manchen Tagen nur einen Absatz zu Papier bringen, an anderen eine ganze Seite und an manchen gar nichts – wie im Leben! Dann gab es sogar eine Zeitspanne von 19 Tagen, während der ich wie in Stein gehauen war, unfähig, mich zu bewegen. Schrieb ich aber etwas, dann war es das, was gerade da war, eingefangen im Augenblick. Ein schöpferisches Buch kann gewiß in oder aus keiner anderen Zeit als diesem gegenwärtigen Augenblick entstehen. Und so entstanden, kann es immer wieder gelesen werden und sagt dem Leser doch jedesmal wieder etwas Neues.

Jedes Kapitel von *Das atmende Leben* ist eine abgeschlossene Einheit, fast so wie eine Kurzgeschichte oder Vignette. Wer aber durch offene Augen und Ohren aus der Tiefe des Herzens schaut und lauscht, wird doch eine Abfolge entdecken, nach der sich das Ur- und Grundprinzip aus sich selbst heraus entfaltet, um sich erst mit der letzten Zeile zu runden.

Wir treten in dieses Leben ein mit dem Atem, und wir verlassen es mit dem Atem. *Das atmende Leben* ist das, was ich beizusteuern habe zur gegenwärtigen Phase der Entfaltung des Lebens.

Shaftesbury, 24. Oktober 1988   RESHAD FEILD

Prolog

Ein Buch in die Hand nehmen, das heißt noch nicht,
daß du auch etwas lernen wirst.

Ich hoffe und bete, daß ich dieses Buch abschließen kann, bevor ich sterbe.

Was für ein Einleitungssatz für ein Buch über die Kunst und Wissenschaft des Atmens! Dennoch, während ich hier sitze und schöne Musik höre, wird der erste Satz so etwas wie ein lebendiges Gebet. Wir kommen mit dem Atem Seines Erbarmens in die Welt, und wir verlassen sie mit dem Atem seiner Gnade. Zwischen diesen beiden Atemzügen – wir nennen es unsere »Lebensspanne« – halten wir das Universum in den Armen. Wie wenig gewahren wir von diesem Wunder; wie selten sind wir wach für diesen gegenwärtigen Augenblick. Es ist aber möglich, die Verantwortung, daß wir als Menschen geboren sind, auch zu tragen und das zu behüten, was uns Leben gibt. Gott allein sorgt für uns, das ist Seine Gnade und Sein Erbarmen. Wir jedoch sind Seine Zeugen. Das Universum ist für uns da; es wurde uns anvertraut in diesem Theater des Lebens, wo wir unsere Rollen spielen und unsere Funktionen erfüllen, indem wir so bewußt wie möglich den Erfordernissen des Augenblicks entsprechen.

Oft genug treiben wir nur so dahin, von den Launen des Schicksals hierhin und dahin getrieben, ohne uns in den Strom des Dienens einzufügen, ohne uns dem, wozu wir bestimmt sind, anzuvertrauen. Wir nehmen das Leben als selbstverständlich; wir nehmen den Atem als selbstverständlich. Wir gehen davon aus, daß wir morgen wieder aufwachen werden oder daß wir bewußt leben – und bemühen uns nicht darum, für dieses Leben, das uns gegeben wurde, wirklich einzustehen. Und so fürchten wir den Tod. Wir schrecken davor zurück, uns dem Großen Unbekannten zu stellen. Daß dieses Leben unser einziges ist und deshalb das größte Abenteuer überhaupt, sehen wir nicht. Was nach diesem Leben kommen wird, können wir unmöglich wissen, solange wir in der Illusion unseres gesonderten Einzeldaseins leben. In dieser Vereinzelung, wie sollen wir da wissen, was nach dieser kurzen Lebensspanne kommt? Wir können uns Vermutungen oder allerlei Träumen und Phantasien hingeben. Aber wir wissen nicht, und gerade das macht ja unser Leben zu solch einem Abenteuer. Wir haben nur diesen Tag, heute, und nur heute können wir wahrhaft Herr unserer selbst sein. Es wäre doch zu dumm, diesen Tag zu verschwenden. Wir betrügen uns selbst, wenn wir auch nur einen einzigen Atemzug vergeuden. Vergeudung, so heißt es, ist die einzige Sünde, und Sünde ist Mangel an Erkenntnis.

Atem ist Leben, und das Leben stirbt niemals. Ohne den Atem verlaufen wir uns zwischen unseren Luftschlössern und warten darauf, daß der Wind sich dreht, damit wir uns selbst wiederfinden können, die Freiheit, die unser wahres Erbe ist. Gott liegt nichts daran, uns in Ketten der Illusion zu sehen. Ihm liegt nichts daran, uns der Rückwand der Höhle zugekehrt zu sehen: Wir brauchen uns nur umzudrehen, um das Licht zu sehen, das schon immer da ist. Der Gott in uns ist gefangen hinter den Mauern, die uns von der Wahrheit trennen, und diese Mauern sind so dick, wie unser Haß, unser Neid und unser Hochmut groß sind. Gott ist in uns, und er wartet auf seine Befreiung durch die Erkenntnis, daß wir wahrhaftig geliebt werden. Gott *ist* Liebe. Wir sind es, die aufwachen und ihn befreien müssen. Wir sind es, die erfahren müssen, daß Atem Leben ist.

Was hat es auf sich mit diesem Atem? Das ist im Grunde nicht schwer zu verstehen, wenn wir uns klarmachen, daß es auf dieser Erde nur eines gibt, was uns allen gemein ist – das Element Luft. Wir sitzen in einem Saal und lauschen einem Vortrag oder Konzert; wir atmen alle dieselbe Luft. Das mag uns nebensächlich erscheinen, doch sobald wir empfänglich werden für diese Welt des Miteinander – etwa bei einem Konzert oder Vortrag – und bewußt erfahren, daß wir Zuhörer und die Vortragenden dieselbe Luft atmen, kann etwas in uns geschehen, das einen wirklichen Wandel einleitet.

Wir kommen mit dem Atem in die Welt, und wir verlassen sie mit dem Atem. Wir alle atmen ein und dieselbe Luft. Ist das nicht auch Herausforderung und Aufgabe? Was geschieht mit der Luft, wenn sie in unseren Körper einströmt, was geschieht mit ihr in der Zeit, bis unser Atem sie wieder in eine wartende Welt entläßt? Geschieht überhaupt etwas mit ihr, eine wirkliche Veränderung, wenn wir nicht offen und wach sind für die Schönheit des Augenblicks? Wir sind »Transformatoren« feinstofflicher Energien; das ist ein Teil unserer Lebensaufgabe und Verpflichtung, die wir in Dankbarkeit gegenüber der Einen Quelle Allen Lebens zu erfüllen haben. Wenn wir aber im Wachen schlafen, können wir den Atem nicht bewußt dem notwendigen Wandlungsprozeß dienstbar machen, und die eingeatmete Luft wird uns kraftlos wieder verlassen. Könnten wir die Welt durch unseren Atem nicht auch mit Güte, Schönheit und Glück erfüllen? Wir könnten die Arme öffnen, das Universum umfangen und die ganze Fülle in uns aufnehmen, die immer da ist, um dann Hoffnung in eine Welt zu atmen, die der Hoffnung wahrlich bedarf. Erkenntnis ist der Anker der Liebe, und durch das Erkennen – nein, Wiedererkennen – unserer selbst, das uns mit tiefer Freude erfüllt, wird jene reine Energie freigesetzt, die unseren Planeten lebendig macht. Der Atem des Mystikers hält die Welt in Bewegung.

Dieses Buch ist ein Werk des Herzens, und es vollendet in gewisser Weise all die anderen Bücher, die ich im Laufe der Jahre geschrieben habe. Es ist nichts Neues in dem, was ich vermitteln möchte und worüber ich spreche: Ideen aus der Welt der Ideen, Möglichkeiten aus der Welt des Möglichen. Hoffnung bringt dieses Buch aus seiner eigenen Welt mit, und für jene, die nicht nachsichtig sein wollen mit sich selbst und anderen, hält es den durchgeschmiedeten Stahl für das Schwert der Wahrheit bereit. Es wird der Selbstgerechtigkeit nicht Vorschub leisten, und wie meine früheren Bücher gibt es die Verantwortung dem zurück, dem sie obliegt: dem einzelnen. Man mag uns darüber belehren, daß der Atem heilig ist, daß das Leben selbst heilig ist. Man mag uns sogar über das richtige Atmen belehren, seinen Rhythmus, seine Schönheit, sein Mysterium – aber tun müssen wir es selbst.

Ich wünsche mir sehr, daß dies ein Buch für jedermann sei, nicht nur für jene, die sich als Reisende auf dem »spirituellen Pfad« fühlen. Groß ist die Gefahr, uns für etwas Besonderes zu halten, anstatt zu erkennen, daß es das Allergewöhnlichste ist, uns selbst zu finden. Der spirituelle Pfad verläuft nicht außerhalb des alltäglichen Lebens. Wenn wir uns als etwas Besonderes fühlen, so ist das ein Zeichen dafür, daß wir vergessen haben, bewußt zu atmen. Es ist nicht notwendig, daß man uns als Heilige, Propheten oder Meister sieht. Deren gibt es selbst in unserer Zeit genug, die uns als Vorbild dienen können. Normal zu sein, das ist eigentlich eine sehr große Herausforderung. Wirklich begreifen, daß wir ganz normal sind – welch ein Aufatmen! Unser Einatmen und unser Ausatmen sind dann im Gleichgewicht. Wir lieben so, wie wir uns geliebt wissen. Der Schoß des Augenblicks, in jener Pause zwischen den Atemzügen des Lebens und des Todes liegend, ist eine Welt unbegrenzter Möglichkeiten, bereit, einen neuen Zyklus in der Entwicklung der Menschheit hervorzubringen – das Goldene Zeitalter, von dem schon so lange die Rede ist.

I
Muscheln im Sand

Das Heilsamste in der Welt ist: Du selbst zu sein.

Wir gingen den Strand entlang. Es war eine von unseren Lieblingsstellen, eine in weitem Schwung gebogene Sandfläche, zwei oder drei Meilen lang. Hier geht kaum jemand her, denn dazu müßte man von der Stelle, wo man den Wagen parken kann, eine ziemliche Strecke zu Fuß gehen, und das tun die Leute in den Staaten nicht gern. Es gibt nicht einmal einen richtigen Parkplatz, so daß der Herdeninstinkt hier keinen Ansatzpunkt findet. Wir finden uns so gern zu Herden zusammen, es dient unserem Selbstschutz und lindert die Furcht vor dem Unbekannten.

Dieser Strandabschnitt liegt in der Gegend von Santa Cruz, eigentlich ganz in der Nähe. Vielleicht entdecken Sie ihn eines Tages. Achten Sie auf ein Wäldchen zwischen Straße und Meer, das sich nach Norden erstreckt, und auf ein kleines Tor, vor dem man gerade zwei oder drei Autos parken kann. Ein Pfad führt Sie dann durch ein weites Wiesengelände und an Eukalyptusbäumen vorbei zu unserer Lieblingsstelle. Einmal hatten wir uns in einer Senke auf einem Polster von Walderdbeerpflanzen ausgestreckt, als mir auffiel, daß ich ein Glas aus meiner Brille verloren hatte; das war mir in der ganzen Schönheit des Augenblicks völlig entgangen. Die Chance, das Brillenglas wiederzufinden, war gleich null, doch wir baten den inneren Führer immer wieder, uns zu helfen, und schließlich fanden wir es Hunderte von Metern weiter im hohen Gras. Was führte uns an die richtige Stelle? War es vielleicht die Weisheit des Atems?

Wenn man sehr wach ist, kann man am Strand Abalonenmuscheln finden, diese handtellergroßen Perlmuttschalen, die unter Sammlern auf der ganzen Welt so begehrt sind. Die Flut spült sie hoch hinauf, und dann stecken sie irgendwo im Sand, und manchmal schaut ein Eckchen heraus und blitzt im Licht der

Sonne auf. Dennoch muß man richtig gestimmt sein, in der richtigen Haltung schauen, sonst sieht man sie nicht. Wer nicht wach ist, vollkommen gesammelt und auf der Höhe des Atems, geht an ihnen vorbei. Man kann den Fuß direkt neben sie setzen, ohne der Schönheit, die dort liegt, gewahr zu werden. Und man kann diesen Strand abschreiten, Tag für Tag, ohne auch nur ein einziges Stück zu finden.

Wenn man aber wach ist für all die Schönheit von Gottes Kreaturen, verliebt in die Welt und Seine Schöpfung, taucht man vielleicht plötzlich in eine »Stimmung« ganz besonderer Art ein, in der die Muscheln sich praktisch von selbst zeigen. Hat man erst eine gefunden, dann sind sie auf einmal überall. Verliebte am Strand finden die Muscheln. So ist das überall im Leben. Wenn wir in das Leben selbst verliebt sind, geschehen uns alle möglichen seltsamen und schönen Dinge, und endlich geht uns auf, daß wir geführt werden – zurück in unsere wahre Heimat.

Einmal sahen wir da draußen eine kleine alte Frau mit einem Sack über der Schulter. Auch sie hielt Ausschau nach eben diesen Muscheln. Sie gab scharf acht, schaute genau hin, und hatte doch nur ein einziges Bruchstück gefunden. Wir grüßten sie und lächelten im Wissen um das Geheimnis.

Wir setzten uns in den Sand und schauten aufs Meer hinaus, sahen der Flut zu, wie sie langsam heraufkam über die vielen kleinen Tümpel, in denen sich all diese wunderbaren Wesen verbergen, Krabben und Seeigel, kleine bunte Fische und diese sanft fächelnden Pflanzen, die sich mit den Gezeiten wiegen. Die alte Dame ging in einiger Entfernung an uns vorbei, kaum daß sie auch nur den Blick hob. Wir winkten. Es sah so aus, als fände sie rein gar nichts. Eine Weile später kam sie wieder zurück, an uns vorbei. Ihr Sack war leer. Das Muschelstück, das sie gefunden hatte, hielt sie in der Hand. Vielleicht war sie an diesem Tag nicht wach.

Wir sahen ihr nach, wie sie den Felsenpfad hinaufstieg, hinter dem der lange Weg zur Straße beginnt. Und während unser Atem noch im Wind tanzte, rief Nur plötzlich: »Schau! Gleich da drüben!« Ihr Finger zeigte auf etwas. Sie stand auf, und wirklich, keine dreißig Meter weiter blitzte im Sand ein funkelndes

Farbenspiel. Eine Abalonenmuschel! Nur hob sie ganz behutsam aus dem Sand, lief mit ihr ans Wasser, wusch den Sand ab und kam zu mir zurück; eine rote Muschel, ganz und vollkommen. Es gibt mehrere Arten, aber für mich sind die kleinen roten die schönsten, wenn sie, ohne Brüche und abgesplitterte Stellen, in ihrer ganzen Reinheit leuchten. Ich hielt die Muschel in der Hand und staunte einmal mehr über die Schönheit dieser Schöpfung. Ich weiß nie recht, ob es Seine Schönheit ist, die uns verliebt macht, oder ob das Erkennen Seiner Schönheit das Leben mit Liebe durchtränkt. Vielleicht beides. Ich weiß nur: Wann immer wir Gottes Schönheit in Seiner Schöpfung erkennen, entdeckt auch irgendein anderer sie in seinem eigenen Leben und verliebt sich.

Dazu fällt mir immer eine Geschichte ein, in der es eben darum geht – Leben in die Welt zu bringen. Vor vielen Jahren wohnte ich in einem Motel in Los Angeles, gleich neben dem Freeway. Das war in den Anfängen der »spirituellen Bewegung«. Gurus schienen aus dem Boden zu schießen wie Wüstenpflanzen nach dem ersten Regen. Das Wort »Meditation« galt vielen als Entreebillett zur Erleuchtung, aber es landeten auch viele im Graben. Wir nannten sie »die Verwundeten des spirituellen Pfades«.

Eines Morgens also machten ein paar Leute, die meinen Vortrag gehört hatten und an meinem Seminar teilnahmen, den Vorschlag, mit mir und einer guten Freundin einen kleinen Park in der Nähe von Hollywood zu besuchen. Unter den Leuten, die Woche für Woche an irgendwelchen Workshops teilnehmen, sind leider nicht viele, die wirklich etwas lernen. Das Angebot auf diesem spirituellen Supermarkt ist einfach so breit, und so sind die Leute praktisch gezwungen, ständig dies und das und jenes zu vergleichen, aber das befriedigt allenfalls den Verstand, nicht das Herz.

Auf dem Spaziergang sprachen wir darüber, daß die meisten Menschen so gänzlich unempfänglich sind für den Atem des Lebens, obgleich wir doch ohne bewußtes Atmen allenfalls halbwegs lebendig sind und daher auch unser Verstehen nur begrenzt sein kann.

Aber wir haben wohl doch zuviel geredet und zuwenig gelauscht, denn wir wurden durch ein jähes Erschrecken zum Aufwachen gezwungen. Auf dem Wegstück, das wir gerade gingen, stand weit und breit nur ein einziger Baum, und als wir uns ihm näherten, fiel ein kleiner Vogel tot aus dem Geäst und vor uns auf den Weg. Ich hatte noch nie etwas derartiges erlebt. Wir blieben betroffen stehen und verstummten augenblicklich. Da lag der Vogel vor uns im Staub und regte nicht eine Feder mehr. Ich sehe ihn noch vor mir, von graugrüner Farbe. In dieser stummen Schrecksekunde hörte man förmlich, wie jeder einen bewußten Atemzug tat. So ist das häufig, wenn irgendein Wunder uns unverhofft begegnet und für einen Moment aus dem gewohnten Rahmen von Raum und Zeit entläßt. Manche finden erst auf ihrem Sterbelager zu diesem einen bewußten Atemzug.

Und dann kam einer dieser Augenblicke, die mich begleiten werden, so lange ich lebe. Meine Freundin ging leise auf den toten Vogel zu. Ich gab den anderen ein Zeichen, vollkommen still stehenzubleiben. In diesen wenigen Schritten schien eine ganze Welt und alle Zeit zu liegen. Sie bückte sich, hob den Vogel auf und hielt ihn an die Brust. Die kleinen Augen waren geschlossen, die Klauen in Todesstarre zum Himmel gereckt. Wir verfolgten, wie sie in den Atem eintauchte, den Atem des Lebens, und dann hob sie den Vogel und hauchte ihn sanft an. Ich weiß nicht mehr, was ich zuerst sah, wie die Augen sich öffneten oder wie die kleinen Krallen sich lösten. Immer noch auf dem Rücken in diesen Händen liegend, begann der Vogel den Kopf zu bewegen und sich umzuschauen. Vielleicht sah er die Welt jetzt das erstemal. Und von Sekunde zu Sekunde gewann er mehr Selbstvertrauen. Schließlich drehte er sich auf die Füße, sah sich noch einmal um und schwirrte über den Graben am Weg davon. Niemand sagte etwas. Wir beendeten schweigend unseren Spaziergang.

2

Ein Seil aus Luft

Wir möchten die Menschen lieben, aber meist nur dann, wenn sie so sind, wie wir sie haben möchten.
Solange wir nicht wach und empfänglich sind für das eine, das uns allen gemein ist, die Luft, wie wollen wir einander da bedingungslos lieben?

In der Sufitradition gibt es das schöne Wort: »Halte fest am Seil Gottes.« Worte dieser Art stellen in der Regel eine Herausforderung dar. Der Lehrer erklärt seinen Sinn nicht, sondern überläßt es uns, die Frage im Herzen zu bewegen.

Dieses »Seil Gottes«, was könnte das sein? Hat jeder von uns sein ganz eigenes, oder ist es so etwas wie das Zauberseil des Fakirs, das sich in die Luft hinauf entrollt und an dem er hochklettert, um spurlos zu verschwinden? Oder ist die Luft selbst vielleicht das, worin sich das Geheimnis verbirgt?

Immer wieder sagt man uns, wir müßten unserer selbst gewahr sein und uns schließlich selbst erkennen. Wir hören, daß wir Gott lieben sollen, daß wir unseren Nächsten lieben sollen wie uns selbst. Aber kaum jemals werden wir daran erinnert, daß wir alle dieselbe Luft atmen. Würde man das jedem Kind vom Kindergarten an und dann zu Beginn jeder Unterrichtsstunde sagen, so hätten wir gewiß eine bessere Welt. Schließlich kommen wir mit dem Atem in die Welt und verlassen die Welt mit dem Atem. Was mir mit der Luft anfangen, darauf kommt es an.

Vielleicht läßt sich das anhand einer Analogie erklären. Wasser ist, wie wir alle wissen, ein elektrischer Leiter; nicht gerade der beste, aber eindeutig ein Leiter. Jeder von uns besteht zu über achtzig Prozent aus Wasser, und unser Denken läßt sich als eine Folge von elektrischen Impulsen auffassen. Das Wasser, als Leiter, zieht das Denken an, und so sind wir voller Gedanken, Gefangene des Denkens, die befreit und erlöst werden wollen, um den Weg zum Ursprung finden zu können. Eine Gedankenform braucht einen Menschen, durch den sie manifest werden kann; ein Pferd oder Hund genügt dazu nicht, wenn man einmal vom instinktiven Anteil eines Gedankens absieht. Er muß sich einen von uns armen Menschen schnappen, nicht wahr?

Auch der Atem enthält Feuchtigkeit. Jedes kleine Tröpfchen im Atem kann gütiges und freundliches Denken enthalten. Es kann aber auch Negativität enthalten und damit eine Atmosphäre schaffen, in der Freude nicht gedeiht. Auch die Atemfeuchtigkeit nimmt Gedanken-Energie auf, und daher müssen wir zusehen, daß wir unser Wassersystem – jene achtzig Prozent von uns, die als Gedankenkollektor wirken – in Ordnung bringen. Durch die Alchemie des bewußten Atmens können wir die Elemente Feuer, Erde, Luft und Wasser so miteinander verschmelzen, daß Gedankenformen, die die Welt nicht mehr braucht, ausdestilliert werden.

Gehen wir näher heran. Atem ist Leben. Das Leben selbst kann nie sterben. Das Leben selbst ist ewiges Leben. Dem Atem setzen auch Wände und Böden aus Beton keine Grenzen, und die Zeit, wie wir sie gewöhnlich auffassen, ist für ihn kein Hindernis. Während ich dieses Kapitel schreibe, schaue ich aus dem Fenster und atme Liebe in die Welt. Ich weiß, daß irgendein Mensch irgendwo und irgendwann aufhorchen wird und dann weiß, daß er geliebt ist.

Ist das nicht eine große Herausforderung? Wird darin deutlich, welche Verantwortung es bedeutet, als Mann oder Frau geboren zu sein, welche Aufgabe es ist, bewußt atmen zu lernen? Gehen wir noch einmal zum Allereinfachsten zurück. Wir betreten einen Raum. Wir begrüßen unsere Freunde. Vielleicht geben wir einander die Hand, und schon sind Verbindungen dieser oder jener Art entstanden. Aber wie viele Menschen sind sich dabei des Atems bewußt? Wer denkt schon daran, daß wir in Achtung und Zuneigung dieselbe Luft atmen? Man kann sich kaum vorstellen, wie anders etwa eine politische Versammlung ablaufen würde, wenn die Teilnehmer sich dessen bewußt wären. Die ganze Welt könnte sich dadurch ändern.

Und eigentlich ist alles so einfach. Wir sind einzigartige Individuen, und jeder Einzelne ist von ganz eigener Schönheit. Wie sollte es anders sein, denn Gott selbst ist schön, und Er schuf den Menschen »Ihm zum Bilde«. Wenn wir wissen, daß wir geliebt sind, dann gibt es keine Trennung zwischen uns und dem Quell allen Lebens, des ewigen Lebens, und der Atem kennt kein Ende. Er ist dann nicht mehr nur unser Atem, sondern Gottes Atem, der Atem Seines Erbarmens mit der Welt. So heißt es auch in der Hadith des Propheten: »Ich war ein verborgener Schatz und wollte gern erkannt sein; so schuf ich die Welt, damit ich erkannt werde.«

Gottes Seil ist uns um den Hals geschlungen. Gott möchte nie von uns getrennt sein, und so legt er uns seine Schlinge um diesen heiligen Teil unserer selbst. Er setzte den Kopf auf unsere Schultern und gab uns ein Kehlzentrum, von dem aus wir sprechen, einen Schlund, durch den wir uns ernähren, und eine Röhre, durch die der Atem in uns einströmt und uns Leben gibt. Ein sehr kluger Freund, unser Gott, der uns so ausrüstete, daß wir zu Hütern dieses Planeten taugen. Hätte Er uns nicht einen Hals und eine Kehle mit einem Durchlaß für dieses wunderbare Element Luft gegeben, so wären wir schlicht und einfach nicht lebendig, und die ganze Sache wäre nichts als Vergeudung von Zeit – Gottes Zeit und unserer eigenen.

Wir werden an diesem dünnen Seil aus Luft beständig durch ein Loch in Raum und Zeit gezogen, bis wir fähig werden, uns zu ergeben, bis wir ein für allemal wissen, daß wir geliebt sind. »Stirb, bevor du stirbst«, heißt es in der Sufitradition, und an allen Mysterientempeln des alten Griechenland stand geschrieben: »Laßt alle Hoffnung fahren, die ihr eintretet.« Wir brauchen die Hoffnung nicht mehr, wenn wir von der Wahrheit, wegen der Wahrheit und in der Wahrheit durch die Mauern der Verblendung gezogen werden. Der Atem des Lebens wird uns gegeben. Das Leben selbst wird uns gegeben, und nun heißt es, um unseres Schöpfers willen und um unserer Kinder willen bewußt atmen zu lernen. Wir sind die Hüter dieses Planeten.

3
Es war einmal

Hū ist das, was jenseits aller Form ist. Es ist auch die Kraft oder Energie, die den Übergang von einer Welt in eine andere ermöglicht, von der Welt des Möglichen in die Welt der Manifestation. Es drängt sich nicht selbst als Klang auf. Es spiegelt zurück – wie ein Spiegel ein Bild der Dinge zurückwirft –, was du hörst, wenn du den Wind in den Bäumen hörst.

»Es war einmal...« – so fangen alle guten Märchen an. Was diese Worte beinhalten, wird vielleicht noch deutlicher, wenn wir uns die englische Version dieses Märchenanfangs vergegenwärtigen: »Once upon a time...« Sie fordern uns auf, einen Standpunkt einzunehmen, auf dem wir »über« der Zeit stehen, denn dies ist der Standpunkt, auf dem wir die Illusion von Leben und Tod überwunden haben. Wir befinden uns dann in den Armen unserer Bestimmung, anstatt unter der Fuchtel des Schicksals zu stehen.

Wenn wir bewußt atmen, sind wir wahrhaft lebendig. Wir sind frei und in Frieden, und ein ganz besonderer Laut wird hörbar. Wenn man innehält und aufmerksam lauscht, kann man ihn überall hören. Es ist der Laut, den der Wind macht, wenn er durch die Bäume streicht. Es ist auch der Laut, den wir in den elektrischen Leitungskreisen unseres Hauses hören. Ich höre ihn in der Waschmaschine ebenso wie in den Herzen aller Kinder. Ich höre ihn in meinen Brüdern und Schwestern, auch wenn er dort vielleicht von Schmerz und Leiden überlagert ist und von Enttäuschung fast erstickt wurde.

Lauschen Sie jetzt einmal. Es ist der Laut *Hū*.

Hū ist ein arabisches Wort, aber eigentlich nicht übersetzbar, denn in seinem Klang schwingen alle Sprachen mit. In *Hū* gibt es keine Trennung, keine Unterscheidung, nur das wirkliche Erfassen unserer tiefen Verbundenheit. Wenn Sie sich einem Freund zuwenden und den Gott in ihm grüßen und dabei zugleich das *Hū* hören, so befreien Sie damit den eingeschlossenen Gott, der dort schon lange, lange darauf wartet, erkannt zu werden.

Es war einmal ein Mann, der ganz für sich allein am Strand lebte. Er hatte sich eine Holzhütte gebaut, gleich oberhalb der Stelle, bis zu der die höchste Flut reicht. Vor dem Wind war das Haus durch eine Palisade aus Treibholz geschützt. Und innerhalb dieser Einfriedung war ein wunderschöner Garten angelegt. Blumen wuchsen hier, die normalerweise in dieser Umgebung nicht gedeihen. Kleine Bäume reckten ihre Zweige über den Zaun. Es gab sogar einen kleinen Teich mit einer schlichten Bank daneben.

Niemand wußte genau, wie lange er dort schon wohnte, und die Dorfbewohner sagten einfach, er sei eines Abends, vor vielen Jahren, plötzlich dagewesen. Er sei anders als alle anderen, sagten sie, obgleich er einmal die Woche im Ort einkaufte und auch zum Friseur ging, um sich den Bart scheren zu lassen. Ansonsten aber verlasse er sein Haus offenbar nicht und sei auch nie zu einem Schwätzchen in der Wirtschaft erschienen wie alle anderen. Nicht einmal einen Fernsehapparat besitze er. Er sei einfach ein bißchen wunderlich.

Manche Dörfler hatten regelrecht Angst vor ihm, und so wagten auch nur sehr wenige Kinder sich in die Nähe der Hütte. Diese Kinder aber erzählten von seltsamen Lauten, die sie drinnen gehört hätten. Das stimmte die Erwachsenen bedenklich, und sie wollten Genaueres wissen. »Na ja«, sagte ein kleines Mädchen, »das klingt wie der Wind in den Föhren oder wie manchmal die Brandung klingt, wenn die Nacht ganz still ist.« Ein kleiner Junge hielt dagegen, nein, so sei das überhaupt nicht, die Geräusche erinnerten ihn eher an Gewitterdonner an einem Frühlingstag. Das Mädchen war sogar einmal allein unten am Strand gewesen, und sie versicherte, sie hätte beobachtet, wie der alte Mann kurz unterhalb der Flutgrenze seltsame Zeichen in den Sand gemalt habe. Als sie noch einmal nachschauen ging, hatte die Flut inzwischen alles ausgelöscht. »Und dann«, fuhr sie fort, »sind abends mal ein paar Freunde von mir an den Strand gegangen und haben gesehen, wie der alte Mann am Strand sitzt und den Mond anschaut. Sie sagen, er hätte sich irgendwie so komisch gewiegt und in einer fremden Sprache gesungen. Jedenfalls war es nicht englisch…« Die Erwachsenen tuschelten untereinander und kamen zu dem Schluß, daß der alte Mann wohl nicht ganz richtig im Kopf, aber offenbar harmlos sei.

Eines Tages, der Frühling ging allmählich in den Sommer über, kam ein junger Mann ins Dorf. Er war elegant gekleidet, Anzug und Krawatte, und die Dörfler dachten gleich, er müsse wohl aus einer der großen Städte sein. Er ging geradewegs zum Postamt und sagte: »Hier in der Gegend soll irgendwo am Strand ein alter Mann wohnen. Können Sie mir vielleicht sagen, wie ich ihn finde?«

Die Leute, die gerade in der Post waren, steckten die Köpfe zusammen. Ein alter Mann hob schließlich seinen Stock und sagte: »Mit dem gibt man sich besser gar nicht erst ab. Der ist nicht ganz richtig, wissen Sie, macht komische Geräusche und sitzt da und schaut den Mond an. Wir haben hier nichts als Ärger mit ihm. Am besten, Sie verschwinden gleich wieder und lassen uns in Ruhe…«

Das Fräulein am Schalter, trotz ihres mürrischen Wesens, interessierte sich für die Sache. Sie sagte, sie wüßte jemanden, der ihm den Weg zeigen könnte, aber im übrigen handle er ganz auf eigene Verantwortung. Sie verließ ihren Platz am Schalter und suchte draußen das kleine Mädchen, das von den Zeichen im Sand erzählt hatte. »Geh mit dem Mann zu der Hütte«, sagte sie, »aber sieh zu, daß du dann gleich wieder nach Hause kommst.«

Der junge Mann lüftete dankbar lächelnd den Hut und ging hinter dem Mädchen her den Pfad zum Strand hinunter. Am Ende des Pfades kehrte sie um, und er ging allein weiter.

Die nächsten drei Tage ging im Dorf alles seinen gewohnten Gang. Die meisten Leute hatten die Begegnung mit dem Herrn aus der Stadt bald vergessen, aber einige wenige fragten sich, was denn wohl aus ihm geworden sei. Sie fragten die Postbeamtin, ob sie Näheres wisse.

»Ach du meine Güte«, sagte sie. »Das hatte ich schon fast vergessen. Er wird wohl schon wieder weg sein. Das sieht diesen

Stadtleuten ähnlich: kommen und gehen, wie es ihnen gerade paßt. Könnte mir auch denken, daß er es mit der Angst bekommen hat und gar nicht erst zur Hütte hingegangen ist. Macht euch keine Gedanken, es ist bestimmt nichts weiter dran an der Sache.«

Aber so etwas macht die Leute ja erst recht neugierig. Einmal trafen sich einige Männer am Abend in der Wirtschaft, als sie gerade geöffnet hatte. Sie saßen da und starrten hinaus auf die Dünen, und nach einigen Krügen Bier und einigen Pfeifchen kamen sie überein, daß es einfach ihre Pflicht sei, nachzuforschen, was aus dem jungen Mann geworden sei. Schließlich war ja auch der alte Mann schon über eine Woche nicht mehr im Dorf gesehen worden.

Als die Sonne unterging, schlichen sie den Pfad zum Strand hinunter. Lange Schatten lagen über den Dünen. Das Meer lag still im Abendlicht. Und da war auch schon die Hütte. Einer nach dem anderen, so leise wie möglich, krochen sie auf die Kuppe der Düne. Und wahrhaftig, da saßen die beiden, der junge Mann und der Alte, mit dem Rücken zu den Lauschern und betrachteten den Sonnenuntergang.

Die Männer vom Dorf schauten einander an. Sie hörten ein Geräusch wie von Wind in den Föhren – nur standen dort am Strand keine Föhren. Und kein Windhauch kräuselte das Wasser. Der Laut schien von den beiden Männern bei der Hütte zu kommen. Sie wiegten ihren Körper in rhythmischer Bewegung. Ein seltsamer Frieden schien um sie zu sein und ein Licht, das über den Sand schien. Hastig machten die Männer vom Dorf kehrt und eilten nach Hause. In der Wirtschaft wurde an jenem Abend lang und laut diskutiert.

Doch am nächsten Abend gingen sie wieder hin, und diesmal waren es noch mehr. Sie krochen auf die Dünen und spähten vorsichtig hinunter. Wieder das gleiche! Diesmal schauten sie lange zu, und als die letzten Sonnenstrahlen über dem Meer erloschen und für einen Augenblick smaragdenes Licht aufleuchtete, standen der junge Mann und der Alte auf. Es war keine Kunst, die dunklen Gestalten auf den Dünen zu erkennen, und sie riefen ihnen zu: »Kommt doch herunter zu uns. Nur keine Angst.«

Natürlich regte sich keiner. Dann aber sprang das kleine Mädchen, das auch dabei war, plötzlich auf und lief zur Hütte hinunter. »Ich komme«, rief sie. Einige Erwachsene versuchten noch, sie aufzuhalten, und einige von den jüngeren wollten ihr nach. Eine ganze Weile herrschte aufgeregtes Durcheinander, aber schließlich sahen sich einige Leute in der Hütte um und fanden nichts Besorgniserregendes. Drinnen brannten Kerzen, und auf dem Herd summte der Teekessel. Nach und nach drängten sie alle herein und wurden herzlich empfangen. Bald schon war Gelächter zu hören, und Behagen breitete sich aus in dieser freundlichen Umgebung.

Nach einer Weile nahm einer der jüngeren Männer all seinen Mut zusammen und fragte: »Bitte, wir möchten gern wissen, was Sie hier am Strand tun. Woher kommt dieser Laut, der wie Wind in den Föhren klingt? Es gibt hier doch keine Bäume. Und was hat es mit diesem Donner auf sich und mit den Zeichen im Sand, von denen wir gehört haben?«

Nur wenige hatten den alten Mann je sprechen hören. Er lächelte, und seine Stimme war wie sanfter Bergregen, wie zeit- und alterslos. »Nun wollt ihr also wissen, was ich all die Jahre hier getan habe. Es ist gut, daß ihr jetzt fragt, und so wißt ihr auch schon, daß die Dinge erst geschehen, wenn ihre Zeit reif ist. Ich habe all die Jahre hier still abgewartet, daß jemand zu mir kommt und diese Frage stellt. Und als die rechte Zeit gekommen war, erschien dieser junge Mann hier. Ich habe mein Herz geläutert, daß es klar wie ein Spiegel werde. Ich tat es für den Fall, daß eines Tages jemand kommt, damit er in diesen Spiegel schauen und darin sich selbst erkennen könnte. Der Wind in den Bäumen ist das Geräusch des feinen Schliffs, den ich meinem Herzen gab, und der Donner ist das Aufbrechen dieses Herzens, damit dieser junge Mann hineinblicken könne.«

»Was *ist* aber dieser Laut, den wir hören?« fragte jemand.

»Ah«, erwiderte der alte Mann, »das ist der Laut *Hū*. Der heiligste Laut im Universum. Ihr könnt ihn überall hören, denn er bringt Gottes Botschaft.«

Stille breitete sich aus in der Hütte. Die Dorfleute schwiegen. Sie schämten sich, daß sie den alten Mann für verrückt gehalten hatten, denn nun war tief in jedem Herzen eine Flamme entfacht worden. Es gab nichts Unheimliches mehr. Nur noch die sanft an den Strand schlagenden Wellen waren zu hören und das Knistern des Holzfeuers. Ein großer Frieden kam über die Menschen. Die Sterne leuchteten klarer als je zuvor.

Als das erste Morgenlicht sich über den Horizont ausbreitete und die Wellenköpfe unten am Strand berührte, waren der alte Mann und der junge Mann verschwunden. Niemand hat sie dort je wieder gesehen. Nur die Hütte blieb stehen.

Von da an geschahen seltsame Dinge. Einer der Männer aus dem Dorf zog in die Hütte, und es dauerte nicht lange, bis er die Leute des Dorfes lehren konnte, ihren eigenen Spiegel zu polieren und in ihrem eigenen Herzen das *Hū* zu hören. Er wußte selbst nicht recht, wie er dazu gekommen war, doch eines Tages begann er zu sprechen, und was er sagte, war richtig. Manchen Leuten war es, als klänge seine Stimme wie die des alten Mannes. Eine neue Brüderlichkeit breitete sich aus im Dorf. Die alten Frauen hörten auf, Klatsch zu verbreiten, und die Kinder strahlten wie Mondlicht.

Niemand erfuhr je, was aus dem alten Mann geworden war. Einer aus dem Dorf, der Jahre danach einmal in einem anderen Land Urlaub machte, glaubte für einen Moment, er sähe den jungen Mann in einem Café sitzen. Aber ganz sicher war er sich nicht, denn als er genau hinschauen wollte, war da plötzlich ein strahlender Spiegel, und er sah sich selbst in der Abendsonne.

4
Atemthemen

Ohne eine Frage sind wir nur halb lebendig.
Wer bin ich? Was ist der Sinn und Zweck des Lebens?

Dieses Buch ist nicht nur aus Geschichten gefügt, sondern auch aus Ideen. Es gibt eine ganze Welt der Ideen, die in der Vergangenheit gehütet und größtenteils geheimgehalten wurde. Das hat seinen guten Grund, denn Ideen besitzen große Kraft. Natürlich kommt es darauf an, wie wir mit ihnen umgehen, denn wie alles andere sind auch sie nicht gegen Mißbrauch gefeit. In früheren Zeiten wurden sie nur einigen Auserwählten vermittelt, doch die Zeiten haben sich drastisch geändert, und immer mehr »Geheimwissen« wird allen Menschen zugänglich gemacht, damit sie Hilfen für den Weg haben.

Vor zwanzig Jahren habe ich begonnen, einen bestimmten Atemrhythmus zu lehren. Die Methode stammt eigentlich aus einer sehr alten Überlieferung, aber nachdem ich lange genug selbst damit experimentiert hatte, gelangte ich zu der Überzeugung, daß man sie ohne Bedenken auch anderen vermitteln konnte.

Als ich das erstemal darüber schrieb, hatte ich anschließend allerdings mit einigen Schwierigkeiten zu kämpfen. Ich erhielt seitenlange Briefe und Anrufe, in denen gefragt wurde, woher ich denn dieses Wissen hätte und wie ich dazu käme, es einfach wahllos in die Welt hinauszuposaunen. Manche dieser Leute waren wirklich verärgert. Es war, als plauderte ich esoterische Geheimnisse aus, die sie oder die Gruppe, der sie angehörten, als persönlichen Schatz hüteten. Die Wogen glätteten sich dann allmählich wieder, und inzwischen hat die Methode sich vielfach als hilfreich erwiesen. Es gibt sogar auf der ganzen Welt schon Kliniken, die mit diesem besonderen Atemrhythmus arbeiten (siehe Anhang).

Alles, was ich lehre, ist in unserem täglichen Leben unmittelbar anwendbar. Die Visualisationsübungen und das bewußte Atmen tragen dazu bei, daß wir – zum Wohl des Ganzen – unsere Kräfte voll auszuschöpfen lernen. Feierlicher Ernst ist unangebracht. Erkenntnis ohne Humor, das ist etwas, womit man die Welt geradezu unbewohnbar machen kann.

Ich erinnere mich an eines meiner Seminare in Kalifornien. Den ganzen Vormittag hatten wir uns mit der Atemübung und der Kunst des Visualisierens befaßt. Für die Mittagspause hatte ich allen Teilnehmern ein Thema gegeben. Die Arbeit mit Themen ist auch eine der Methoden, deren sich dieser Pfad des tiefgreifenden Wandels bedient.

Etwas Vergleichbares finden wir beispielsweise im Zen-Buddhismus, wo der Schüler vom Meister ein *Kōan* erhält, ein mit dem Verstand nicht lösbares Problem, das er sich in ungeteilter Sammlung intensiv zu vergegenwärtigen hat. Eines der berühmtesten Beispiele ist die Frage: »Was ist der Ton des Klatschens *einer* Hand?« Auch unsere Themen, die manchmal für eine bestimmte Zeit gegeben werden, manchmal aber auch unauslotbare Fragen sind, die sich immer wieder neu stellen, können von dieser Art sein, zum Beispiel: »Was ist der Sinn und Zweck des Lebens?«

Das Thema dieses Tages bestand aus einem einzigen Wort, das die Teilnehmer sich einfach innerlich gegenwärtig halten sollten. Es war das Wort *wahr-nehmen*. Ich hatte ausführlich erläutert, daß wir die Dinge meist nur sehr oberflächlich wahrnehmen. Wir gewöhnen uns so an das Alltägliche, daß wir vieles für selbstverständlich nehmen. Etwas in allen seinen Facetten wirklich wahrzunehmen, ist dagegen eine echte Kunst. Wenn wir am Strand spazierengehen und nur den Sand wahrnehmen, entgehen uns die Abalonenmuscheln.

Wahrnehmen erfordert, daß wir durch unsere Augen und nicht einfach aus unseren Augen schauen. Damit gewinnt das Leben eine ganz neue Dimension. In der Sufiüberlieferung heißt es: »Ich bin die Augen, durch die Gott schaut. Ich bin die Ohren, durch die Gott hört.« Wer hört oder sieht hier eigentlich was? Das Leben bekommt wirklich einen anderen Sinn, wenn wir die Dinge wahrnehmen, also nicht nur ihre Oberfläche sehen, sondern ihre Tiefe.

Visualisation ohne Atem ist wie ein Füller ohne Tinte, und Wahrnehmen ohne Wachheit für den Atem gibt uns nur die Hälfte des Bildes. Wichtig ist auch, daß wir uns nicht zu verbissen bemühen. Es gibt ein richtiges und ein falsches Bemühen. Richtiges Bemühen dient nicht nur uns selbst, sondern zielt auf das Wohl des Ganzen. Falsches Bemühen führt uns manchmal in eine Art »verkehrte Spirale«. Der Verstand erfaßt diese Dinge zwar ohne große Mühe, aber wir müssen uns doch immer erneut Rechenschaft über sie ablegen, um unser eigenes Leben und die Welt von vermeidbarem Chaos freizuhalten.

Das alles erläuterte ich am Vormittag des Seminars in allen Einzelheiten und ermahnte die Teilnehmer, beim Umgang mit dem Thema »Wahrnehmen« auch für den Atem wach zu sein und sich sogar selbst als Wahrnehmende ihres Wahrnehmens zu visualisieren. Bevor wir uns zur Pause trennten, forderte ich sie auf, am Nachmittag alles Ungewöhnliche oder ungewöhnlich Erscheinende zu berichten. Da ich bei meiner Arbeit auch großen Wert auf den Umgang mit der Zeit lege, bat ich die Teilnehmer, ein wenig vor der festgesetzten Zeit zu erscheinen, damit wir pünktlich beginnen konnten.

Tatsächlich fanden sich alle siebzig Teilnehmer rechtzeitig wieder ein, und mir fiel auf, daß eine junge Frau ihren Arm bandagiert hatte und in einer Schlinge trug. Ich dachte, das sei vielleicht am Morgen schon so gewesen und mir nur entgangen. Wir fingen also mit der üblichen Atemübung an, die uns allen die nötige Präsenz vermittelt, und dann fragte ich, ob jemand etwas zu berichten habe. Die junge Frau mit dem bandagierten Arm stand als erste auf. Sie lächelte ein wenig verlegen, aber in ihren Augen blitzte etwas.

Sie erzählte uns ihre Geschichte. Sie war mit vier Freunden zum Essen in ein Restaurant geeilt, hektisch bemüht, alles wahrzunehmen. Alle am Tisch Versammelten hatten das bewußte Atmen in dem am Vormittag geübten Rhythmus vor lauter Wahrnehmen längst vergessen und waren praktisch zu Schlafwandlern geworden. Ich konnte mir lebhaft vorstellen, wie sie alle hierhin und dahin starrten, um nur ja alles zu registrieren, was es zu sehen gab. Mit Wahrnehmen hat das nichts zu tun. Das ist nur das Anlegen einer Liste von statischen Bildern im inneren Notizbuch. Ihr vereintes falsches Bemühen muß wohl so eine Art Magnetfeld um ihren Tisch herum aufgebaut haben, und das hatte fatale Folgen.

Ein aufmerksamer und eifriger Kellner, ein Tablett mit Gläsern auf der erhobenen Hand tragend, prallte gegen dieses Energiefeld, das ihm, zu seinem eigenen größten Erstaunen, das Tablett praktisch aus der Hand schlug. Unter lautem Klirren stoben die Scherben in alle Richtungen, und alle Köpfe im Restaurant wandten sich um. Eines der Gläser fiel so unglücklich, daß eine scharfe Kante eine Arterie am Handgelenk der jungen Frau verletzte. Jetzt gab es also nicht mehr nur Scherben, sondern auch Blut, und ein Wirrwarr entstand. Alle rannten durcheinander, bis endlich ein behelfsmäßiger Druckverband angelegt war und man in größter Eile das Krankenhaus aufsuchen konnte.

In der Klinik brachten sie die junge Frau sofort in die Unfallambulanz, wo sich bis zur Ankunft des Arztes eine Schwester um sie kümmerte. Diese Krankenschwester sagte: »Setzen Sie sich bitte hin, und sprechen Sie nicht. Halten Sie den Rücken so gerade wie möglich. So, und jetzt möchte ich, daß Sie ganz entspannt in folgendem Rhythmus atmen. Atmen Sie ein bis sieben, machen Sie eine Pause, und atmen Sie wieder aus bis sieben…« Eine frühere Schülerin von mir! Natürlich wußte sie um die Regeln der Zeit und hat dafür gesorgt, daß die Patientin schnell genug verarztet wurde, um beim Nachmittagsseminar pünktlich zur Stelle zu sein. Mit ein paar Stichen wurde die Wunde vernäht, wobei die junge Frau, wie die anderen berichteten, die ganze Zeit gelächelt habe trotz all der Unannehmlichkeiten. Sie hatte eine gewiß schmerzhafte, aber doch sehr wirkungsvolle Lektion erhalten, nämlich darüber, was Wahrnehmen *nicht* ist.

Diese Methode des Arbeitens mit Themen ist uralt. Die relative Welt der Form ist uns als ein Rahmen gegeben, durch den wir in die wirkliche Welt schauen können. Wenn wir solch ein Thema erhalten, werden Fragen in uns wach, die lange im Schlaf gelegen haben. Wir brauchen direkte Erfahrung, damit uns aufgehen kann, daß diese Welt in Wirklichkeit nichts als Erscheinung ist. Und so fangen wir an, nach dem Wesen des Wirklichen zu fragen, nach dieser Welt, die jenseits aller vertrauten räumlichen und zeitlichen Bezüge liegt. Die Mauern dieses Kerkers, den unser vergängliches Leben darstellt, können den Atem des ewigen Lebens und die Wahrheit nicht fassen. Aber die Wahrheit ist auch nicht weit entfernt. Daß es schier unmöglich scheint, sie zu erfahren und zu begreifen, liegt nur an unserer Einbildung, wir und unser Schöpfer seien zweierlei.

Nie werden wir mehr als die halbe Antwort erhalten, wenn wir uns nicht stets der Heiligkeit des Atems bewußt sind. Die Arbeit an Themen kann uns mit mancher Herausforderung konfrontieren, aber theoretische Antworten werden uns niemals befriedigen. Befriedigung verspricht allein das Leben in dieser ewigen Frage: Wer bin Ich, was bin Ich?

5
Eine neue Geometrie der Zeit

Die Welt des Wirklichen ist nicht die Welt der
Erscheinungen. Denk stets daran: Was du siehst, ist nicht das,
was es wirklich ist. Der Schlüssel aber liegt darin:
Hast du einen Freund, der dich aufwecken kann, dann sag:
»Danke.«

Um es noch einmal zu sagen: Alles, was ich lehre, kann im alltäglichen Leben angewendet werden. Der Umgang mit Themen, die Atemübung, Visualisation und so weiter machen das Leben nicht unbedingt einfacher, aber sie geben ihm einen tieferen Sinn. Meist nehmen wir das Leben einfach als gegeben hin. Wir gehen davon aus, daß wir am Morgen aufwachen, zur Arbeit gehen und am Abend zu unserer Familie zurückkehren werden. In dieser Selbstverständlichkeit sind wir nicht empfänglich für Wunder, von denen wir doch ständig umgeben sind. Vielleicht wachen wir eines Tages nicht in der Frühe auf, und dann ist ein größtenteils vertanes Leben zu Ende. Die inneren Geheimnisse werden uns in diesem Leben, das gänzlich auf äußere Erscheinungen ausgerichtet war, entgangen sein. Wir werden die Einheit versäumt haben, die uns doch in jedem Augenblick dargeboten wurde. Was wir von der Zeit sehen, dieses Leben, das mit der Zeugung beginnt und mit Geburt und Tod seinen Fortgang und sein Ende nimmt, ist nur eine Facette dessen, was wirkliches Leben, ewiges Leben ist. »Zeit ist das ewige Attribut Gottes«, so heißt es.

Es gibt verschiedene Weisen, die Zeit zu betrachten. Wir sehen in der Natur die zyklische Zeit, Frühling, Sommer, Herbst und Winter. Und es gibt die kosmische Zeit, von der wir einen Eindruck haben, wenn uns etwa kosmische Entfernungen in Lichtjahren angegeben werden. In der Physik galt lange Zeit das Dogma, daß nichts sich schneller als mit Lichtgeschwindigkeit, d. h. 300 000 km/sek, fortbewegen könne. Aber die Kosmologen glauben jetzt, einen Pulsar entdeckt zu haben, der schneller als mit Lichtgeschwindigkeit aus dem Universum fortzustreben scheint. In welch einer ungeheuer weiten Welt leben wir doch, und welch eine wunderbare Entdeckungsreise ist dieses Leben!

Neben der Zeit, die sich aus der Vergangenheit durch die Gegenwart auf eine unbekannte Zukunft zuzubewegen scheint, gibt es die Zeit, die von der Beendigung dieses Experiments namens Leben her durch die Gegenwart zurückstrebt, um noch zu vollenden, was im Gestrüpp der Vergangenheit hängenblieb. Und es gibt noch eine weitere Art von Raum-Zeit-Beziehung, die unseren normalen Sinnen verborgen bleibt, die dennoch zugänglich wäre, wenn wir nur sehen könnten. Um mit anderen und tieferen Sinnen als diesen normalen – Schmecken, Tasten, Riechen, Hören und Sehen – wahrnehmen zu können, müssen wir auf der Höhe des Atems sein und bewußt nach dem Sinn dieses Erdendaseins forschen.

Wenn ich von diesem unsichtbaren Reich spreche, veranschauliche ich seine Andersartigkeit gern, indem ich sie mit einer Geometrie vergleiche, die von der uns bekannten gänzlich verschieden ist. In diesem Reich versammelt sind all die Elementarwesen, die das bloße Auge nicht sieht, die aber trotzdem da sind. Wir hören von ihnen in den klassischen Legenden und Märchen, die uns zum Beispiel von Zwergen erzählen, den Hütern der Pflanzen und Tiere, den Wächtern der Berge. Wir haben von Zauberern gehört, die ihre Schätze in Höhlen verbergen und für alle Zeiten von einem Wächter hüten lassen, von einer Schlange etwa oder, wenn die Höhle in der Tiefe des Meeres liegt, von einem Riesentintenfisch. Die meisten Menschen betrachten diese Geschichten als Unterhaltung für Kinder, die dafür sorgen, daß ein Hauch von Zauber erhalten bleibt. Aber vielleicht stimmt das nicht so ganz.

Ich kann dazu eine eigene Geschichte erzählen. Es ist eine magische Geschichte, die mir unvergeßlich bleibt. Sie können sie glauben oder nicht. Das bleibt Ihnen überlassen.

Vor vielen Jahren leitete ich ein Gemeindezentrum irgendwo auf dem Land in England. Daß es irgendwie lief, war an sich schon ein Wunder, und ich kann es mir nicht anders erklären, als daß wir unsichtbare Helfer hatten bei jedem einzelnen Schritt. Das ist nämlich so: Wo wir mit vollem Einsatz arbeiten, kommen die Bewohner dieser verborgenen Reiche uns zur Hilfe. Seltsame Dinge ereignen sich, für die es keine logische Erklärung gibt; wo Hilfe gebraucht wird, tauchen plötzlich, wie von unsichtbarer Hand geleitet, die richtigen Leute auf. Solange wir wissen, daß wir unseren Kindern und deren Kindern zu dienen haben, ist immer dieser andere Aspekt der Zeit im Spiel, der unsere gemeinsamen Unternehmungen zu einem Abenteuer macht.

Es war viel Arbeit mit dem Aufbau des Zentrums verbunden, und außerdem hatte ich noch Vorträge zu halten, in England und in den Vereinigten Staaten. Ein bißchen freie Zeit war ein seltenes Geschenk. An dem Tag, an dem diese Geschichte spielt, war ich in London. Ich hatte gerade zwei Stunden zwischen einer Verabredung und der nächsten und beschloß, ein wenig durch die Straßen zu schlendern und meinen Lieblingsbuchladen aufzusuchen. Es war einer dieser wunderbaren Frühlingstage, an denen alles so viel lichter und klarer aussieht als sonst. Die Luft perlte nur so.

Auf diesem Spaziergang ging mir *Khidr* durch den Sinn, den man den Führer der Sufis nennt. Diesen unsichtbaren Führer gibt es in allen Traditionen. In der keltischen Geschichte erscheint er als »der grüne Mann«, da er häufig grün gekleidet auftritt. Es gibt sogar Pubs, die nach ihm benannt sind. Wir sind nie ohne den inneren Führer, aber dieser Khidr manifestiert sich häufig in körperlicher Gestalt, um uns auf seltsamste und wunderbarste Weise zu führen. Im Zentrum hatten wir Geschichten über dieses Thema gelesen, doch hätte ich nie damit gerechnet, daß ich Khidr selbst begegnen würde.

In diesem Aufbaustadium fehlte es uns überall an Geld, und natürlich machte ich mir deswegen Sorgen. Aber es war ein so wunderschöner Tag, und ich hatte alle Sorgen vergessen – oder doch nicht? Ich befand mich mitten in London, Piccadilly Circus, und zum Buchladen war es nicht mehr weit. An einer Straßenecke hatte sich ein kleiner Auflauf gebildet. Die hinteren schauten den vor ihnen Stehenden über die Schulter, und ich wollte natürlich auch sehen, was da los war. Es ging um ein verbotenes Glücksspiel, zu dem nur drei Karten benötigt werden, ein extrem schnelles und trickreiches Spiel. Ich sah Wachtposten, die nach Polizisten Ausschau hielten. Hunderte von Pfund wechselten in Windeseile die Besitzer. Ich war fasziniert. Der Mann hinter der Kiste, die als Spieltisch diente, nahm drei Karten und zeigte ihre Vorderseite. Eine davon war stets ein Bube. Dann knallte er sie mit schwungvoller Handbewegung auf den Tisch, Rückseite nach oben, und nun mußte man erraten, welche Karte der Bube war. Da man die Spielseiten der Karten eben noch gesehen hatte, war man sich ganz sicher, die richtige Karte zu kennen. Wer darauf wetten wollte, legte seinen Einsatz in bar auf die Karte seiner Wahl. In neun von zehn Fällen hatte er dann das Nachsehen.

Ich schaute wie gebannt. Wie funktionierte das nur? Während ich darüber nachdachte, fiel mir ein Mann auf, der links neben mir stand. Er besaß eine besondere Ausstrahlung, die ich als beinah magnetisch empfand. Er wandte sich mir zu und sprach mich mit schottischem Akzent an. Komisch, in der folgenden Woche wollte ich ein anderes Zentrum in Edinburgh besuchen.

»Wissen Sie, wie die das machen?« fragte er in seinem breiten Dialekt. »Also, ich sag's Ihnen. Passen Sie auf.« Als die Karten wieder auf den Tisch flogen, nahm er dreißig Pfund aus der Tasche und legte sie auf eine der Karten. Er gewann! Auch ich hatte genau zugeschaut und war mir ganz sicher, daß er sich irrte. Offenbar ein Tag zum Staunen.

»Verstehen Sie?« Er sah mich wieder an. »Das passiert alles so schnell, daß man gar nicht mitbekommt, was er macht. Wenn er die Karten hinlegt, ist der Bube wirklich da, wo Sie ihn vermuten. Aber dann kramen Sie nach Ihrem Geld und beugen sich vor, um es hinzulegen. In dem Moment werden Sie von jemandem abgelenkt, und der Mann verschiebt schnell noch einmal die Karten.«

Zeit für das nächste Spiel. Ich starrte in größter Anstrengung hin, um jeden Sekundenbruchteil mitzubekommen. Und wieder lagen die Karten, und zu meiner größten Überraschung beugte der Schotte sich vor, legte seinen Finger auf eine Karte und gab mir mit der anderen Hand dreißig Pfund. »Setzen Sie auf die hier«, sagte er. Ich hatte keine Zeit zum Überlegen und tat, was er sagte. Ich gewann dreißig Pfund! Natürlich wollte ich sie ihm geben. Er lächelte. »Nein, mein Freund, das gehört Ihnen. Sie haben es gewonnen.«

»Aber doch mit Ihrem Geld«, sagte ich. »Wirklich, danke, ich brauche es nicht.« Ich bedankte mich noch einmal, gab ihm das Geld und ging weiter zu meinem Buchladen.

Aber das Sonderbare schien mich an diesem Tag zu verfolgen. Als ich die Tür aufmachte, kam mir ein alter Freund aus New York entgegen, wir liefen uns praktisch in die Arme. »Ach, hier bist du«, sagten wir beide. Er war auf dem Weg vom Flughafen zu unserem Zentrum! »Also los«, sagte ich, »gehen wir irgendwo ein Bierchen trinken.« Wir gingen zurück in Richtung Piccadilly, und ich erzählte ihm die merkwürdige Geschichte mit dem Schotten. »Ehrlich, es war genau so«, sagte ich. »Komm, ich zeig ihn dir.«

Wir bogen um die Ecke. Es konnten inzwischen kaum mehr als fünf Minuten vergangen sein. Der Schotte war weg; die Leute waren weg; der Spieltisch war weg. »Die Polizei wird wohl gekommen sein«, sagte ich. Aber dabei lief mir ein seltsames Prikkeln den Rücken hinauf und hinunter. Hatte ich das alles geträumt?

Wir gingen weiter und sprachen über die Dinge, die uns gerade beschäftigten. In all der Aufregung, meinen Freund hier getroffen zu haben, war ich wohl nicht sehr wach, jedenfalls wurde ich plötzlich von einem jungen Mann angerempelt, der mit gesenktem Blick daherkam. Ich wollte schon ärgerlich werden, als ich in ihm einen weiteren Freund erkannte, der sogar im Zentrum wohnte. Er schaute sich in London nach einem besonderen Ring für seine Verlobte um. Sie wollten bald heiraten, und er hatte von einem zoroastrischen Priester den Auftrag erhalten, eben diesen Ring zu finden; es sollte ein Test für seine intuitiven Fähigkeiten sein.

Wir gingen zusammen weiter. Die Zeit schien eine andere Bedeutung anzunehmen, denn ich hatte ja insgesamt nur zwei Stunden, und ein Blick auf die Uhr sagte mir, daß noch kaum

Zeit vergangen war. Wir gingen durch eine Passage, die für den Verkehr gesperrt ist, und dort saß am Straßenrand ein Bettler. Er sah sehr unrasiert aus und hatte nur ein Bein.

Da ich mich stets bemühe, die Tugend der Freigiebigkeit zu üben, fuhr meine Hand ganz automatisch in die Tasche, und ich gab dem Bettler alles, was ich da fand. Ich schaute ihm nicht einmal ins Gesicht.

Als wir weitergingen, rief er mir etwas nach. »Entschuldigen Sie, Sir«, sagte er. »Das ist sehr gütig von Ihnen, aber könnten Sie mir vielleicht einen Gefallen tun?«

»Aber natürlich«, sagte ich, ohne auch nur zu fragen, worum es ging. Viel konnte es ja wohl nicht sein!

»Ob Sie mir wohl eine Portion Fish and Chips holen würden?« Da ich kein ausgesprochener Fish-and-Chips-Liebhaber bin, wußte ich nicht, wohin ich mich wenden sollte. Nächste Straße links, sagte er.

Also zogen wir los, als gäbe es an einem Frühlingstag in London nichts Selbstverständlicheres. Wir fanden den Laden auch tatsächlich, denn man roch ihn schon von weitem. Ich verlangte eine erstklassige frische Portion. Wir drei waren immer noch in unser Gespräch vertieft, als mir ein liebevoll eingeschlagenes Päckchen gereicht wurde. Und ich hatte immer geglaubt, dergleichen würde in Zeitungspapier eingewickelt. Normalerweise ist das übrigens auch tatsächlich so. Ich fragte, was es kosten sollte. »Neunundvierzig Pence«, sagte der Mann hinterm Tresen. Ich war völlig baff. Wieso nun gerade diese Zahl? Es ist eine Zahl, die mit der Matrix zu tun hat, mit jenem unsichtbaren Gegenstück des Menschen, das mich nun schon seit Monaten beschäftigte.

In diesem Augenblick verwandelte das warme Päckchen in meiner Hand sich in eine Taube. Nein, nein, Sie müssen das nicht glauben, aber für mich war es eine Taube. Ich brachte keinen Ton heraus, und meine Freunde schienen nichts zu bemerken. Ich schaute noch einmal hin, und da war es wieder ein Päckchen Fish and Chips. Dann wechselte ich wieder die Ebene, tauchte in jene andere Welt ein – und hielt abermals die Taube in der Hand. Ich fühlte ihre warme Brust.

Ich sagte meinen Freunden, sie sollten hier stehenbleiben, und lief zu dem Bettler am Straßenrand zurück. Ich reichte ihm das Päckchen, unfähig, irgend etwas zu tun, gänzlich durchdrungen von Staunen und Ehrfurcht. Eine Tür war mir geöffnet worden. »Danke«, sagte der Bettler und händigte mir neunundvierzig Pence aus.

Diesmal schaute ich ihn an. Es war derselbe Mann wie der Schotte. Gewiß, da waren zwei verschiedene Körper, doch es handelte sich eindeutig um dasselbe Wesen. Woher hätte er wissen können, daß seine Mahlzeit neunundvierzig Pence kostete? Schließlich wird der Fisch ja nach Gewicht berechnet. Weshalb war dies alles überhaupt geschehen? Er lächelte mich an, breit und warmherzig, und in diesem Lächeln schien ein tiefes Verstehen zu liegen. Ich lächelte dankbar zurück und ging wieder zu meinen Freunden.

Mittags rief ich Hamid an, den Mann, der damals mein Lehrer und spiritueller Führer war.

Ich war immer noch völlig überwältigt von all dem, was ich am Vormittag erlebt hatte, und versuchte eine zusammenfassende Darstellung zu geben. Es muß wohl durchgedrungen sein, wie erschüttert ich war, denn er sagte: »Komm am besten jetzt gleich vorbei. Ich sage alles andere ab. Du hast offenbar etwas ganz Wichtiges erlebt.«

Eine gute Stunde später berichtete ich ihm Punkt für Punkt, was ich erlebt hatte. Hamid hörte aufmerksam zu und erkundigte sich nur gelegentlich nach bestimmten Einzelheiten. Ich spürte seine freundliche Zuwendung, und seine Augen verrieten, daß er sein Vergnügen an der Sache hatte. Schließlich stand er auf und legte mir die Hand auf die Schulter.

»Ja, Reshad«, sagte er, »das war wirklich ein sehr gutes Zeichen. Das Wesen, dem du da in zwei Gestalten begegnet bist, war Khidr, der Führer. Was meinst du wohl, warum er gerade so aufgetreten ist? Warum ging es in beiden Geschichten dauernd um Geld? Wie konnte der Mann wissen, was seine Portion Fish and Chips kostete? Weißt du noch, wie ich dir vor Wochen gesagt habe, du solltest dir keine Sorgen machen, weil für das, was du benötigst, ohnehin zu gegebener Zeit gesorgt wird? Aber du hast dir eben doch Sorgen gemacht, und so mußte Khidr dir zeigen, daß das reine Zeitverschwendung ist.«

»Aber was ist mit der Taube?« fragte ich. »Es *war* eine Taube, das weiß ich ganz genau!«

»Du mußt selbst wissen, was eine Taube für dich bedeutet. Schau, wir alle bekommen das, was wir brauchen, jeder auf seine Weise. Wir müssen nur wach sein und auf die Zeichen achten. Sie sind Geschenke, die wir erhalten. Ich habe dir immer gesagt, daß dies eine Welt der Erscheinungen ist. Vielleicht war die Taube ein Symbol des Friedens; und Frieden des Begreifens, Frieden in all den Geldsorgen suchtest du ja.«

Damit war unser Gespräch beendet. Drei Wochen später wurde das benötigte Geld für das Zentrum gespendet, von Leuten, die ich kaum kannte.

6

Züge der Zeit

Normalerweise sind wir nicht wach für die
ankommende Zeit. Wir nehmen nur die fortlaufende
Zeit wahr.

Wenn wir uns rückhaltlos dem Leben selbst hingeben, kann vieles geschehen, und manches davon mag uns unerklärlich erscheinen. Aber vergessen wir nie, daß jeder Mensch einzigartig ist und seine Erfahrungen nie denen des anderen genau gleich sein können. Die Geschichte, die ich gerade erzählt habe, um einen Eindruck von den anderen Welten zu geben, war für mich eine Erfahrung, die ich zu jener Zeit und auf dem damaligen Stand meiner Entwicklung brauchte, um meinen Weg fortzusetzen. Ich hatte nicht darum gebeten. Sie wurde mir als eine Gnade zuteil. Jeder Mensch ist einzigartig, und die unter uns, die schon wahrhaft erwacht sind, bedürfen solcher mysteriöser Abenteuer nicht mehr. Aber es ist von Anfang an so, daß nicht jeder solche Erfahrungen braucht, und deshalb wird uns in allen Traditionen immer wieder geraten, einander nicht nachzuahmen oder die Erfahrungen eines anderen für uns selbst zu suchen. »Suche auf dem spirituellen Weg keine Wiederholung dessen, was andere vor dir getan haben«, hat Sri Aurobindo einmal gesagt.

Gier nach Erfahrung, davor müssen wir uns hüten. Sonst verrennen wir uns vielleicht so sehr in den Glauben an jemand anderes Leben, daß wir uns mit einem blassen Abklatsch dieses Lebens in unserem eigenen begnügen. Aber das wäre nicht unser eigenes Leben und daher unwirklich. Ich bin vielen Menschen begegnet, die meine Geschichte von Khidr nicht glauben konnten. Recht so: Sie hatte einfach keinen Bezug zu ihrer Wirklichkeit. Wir müssen geschmeidig wie Wasser sein, um mit dem Augenblick fließen und uns solchen Erfahrungen anvertrauen zu können. Die junge Frau, die von einer Glasscherbe am Handgelenk verletzt wurde, hegte keinen Groll darüber, ganz im Gegenteil. Sie war schon eine kluge Frau und hat durch diese Erfahrung darin nur gewonnen. Wir bekommen alles, was wir brauchen, um unser Leben zur Erfüllung zu bringen – aber nicht unbedingt alles, was wir uns wünschen.

Wir kommen nun zu einem anderen Aspekt der Zeit; ich meine die Zeit, die wir uns durch die Kunst der Visualisation selbst schaffen können. Es heißt, Gott ziehe uns an dem Seil zu sich heran; wir aber müssen trotzdem klettern, müssen uns in der rechten Weise bemühen in einem Leben, das dem Dienen gewidmet ist.

Wie wir eine andere Art von Zeit erschaffen, ist am leichtesten zu sehen, wenn wir einmal die Resultate unserer negativen Gefühle und Gedanken betrachten. Wir alle wissen, daß Negativität irgendwann zu uns zurückkommt, aber wir wissen nicht, wann das sein wird. Manchmal ist die Rückwirkung sofort zu erkennen, aber es kommt auch vor, daß uns ein Fehler erst nach Jahren klar wird, und dann sehen wir, daß er gleichsam in die Zukunft vorausgeeilt ist und jetzt auf uns zurückfällt. Er *muß* zu uns zurückkommen, denn diese negativen Gedankenformen wollen erlöst sein. Sie mögen nicht irgendwo »da draußen« umhergeistern, und nur im gegenwärtigen Augenblick kann das, was wir in die Zukunft projiziert haben, eingelöst und erlöst werden. Ähnlich ist es mit der Vergangenheit. Die beiden treffen sich in diesem gegenwärtigen Augenblick.

Wir können sicher sein, daß alles Negative irgendwann auf uns zurückfällt, und so ist es ratsam, beständig an uns selbst zu arbeiten, im gegenwärtigen Augenblick zu bleiben und bewußt zu atmen, anstatt tatenlos und achtlos ins unvermeidliche Chaos abzugleiten. Wir können nicht erwarten, daß andere es für uns tun. Ein jeder muß in seiner Einzigartigkeit – mit seinem ganz eigenen Leben und seinen ganz eigenen Erfahrungen – zum Großen Plan beitragen, zu dem, was man auch »das Experiment des Erdenlebens« nennt. Wirklicher Einsatz und wirkliche Hingabe bringen Freiheit und schließlich Erkenntnis – und Erkenntnis, wie gesagt, ist der Anker der Liebe. Liebe ohne Erkenntnis ist nur das halbe Bild, und Gott möchte, daß wir Seine Einheit und Einzigartigkeit erkennen.

Wenn wir Zeit durch Visualisation erschaffen können, worin liegt dann dieser schöpferische Aspekt? In den Anfangsstadien ist es am besten, diese Möglichkeit zunächst einmal ganz einfach vertrauensvoll anzunehmen. Aber es gibt eine simple Übung, die man täglich machen kann und die ganz ohne Zweifel dazu beiträgt, ein besseres Leben zu finden.

Wir nehmen einfach jeden einzelnen Tag ganz für sich. Wir machen uns klar, daß dies vielleicht der einzige Tag ist, den wir haben. Wir möchten ihn mit allem Guten erfüllen, und wir wollen uns den Seiten unserer selbst widmen, die verbesserungsbedürftig sind. Wir halten uns vor Augen, daß unser so begrenzter Horizont uns nicht genügt. Wir möchten frei sein!

In meinen Seminaren gehe ich häufig so vor: Eine Gruppe von Menschen hat sich versammelt, und wenn der Atemrhythmus sich eingespielt hat, fordere ich die Teilnehmer auf, sich das Ende dieses Tages, den wir gemeinsam verbringen wollen, visuell zu vergegenwärtigen; zugleich sollen sie sich aber auch den Beginn des Tages gegenwärtig halten und wach bleiben für den gegenwärtigen Augenblick. Das geht am leichtesten, wenn man eine große Uhr an der Wand visualisiert, deren Zeiger jeweils auf die entsprechende Zeit weisen. Es ist nicht gar so schwer, solange wir nur lebendig atmen. Nehmen wir an, unser gemeinsamer Tag würde bis fünf Uhr nachmittags gehen und habe um zehn Uhr vormittags begonnen, und jetzt, wo wir alle den Atemrhythmus gefunden haben, sei es gerade elf Uhr. Diese drei Zeiten müßten wir uns also zugleich vergegenwärtigen. Jeder soll sich nun selbst befragen, ob er von wirklich rückhaltloser Bereitschaft für diesen Tag ist. Wir atmen alle tief ein, halten den Atem, zusammen mit unserer Visualisation, und lassen ihn dann sanft los.

Dieses Erschaffen von Zeit durch Engagement und Visualisation kann zu einem festen Bestandteil des Lebens werden. Nichts geschieht zufällig, und dieser bewußte Umgang mit der Zeit erlaubt uns, den Sinn der Zeichen zu erfassen, die uns gegeben werden. Fish and Chips – das ist nicht unbedingt einfach Fish and Chips. Wir stellen dann auch fest, daß Gier und Ehrgeiz langsam verblassen, und am Ende solch eines Seminartages breitet sich eine tiefe Dankbarkeit in uns aus. Die Dankbarkeit wird eine geradezu hörbare Schwingung. Das heißt natürlich nicht, daß solch ein Tag ganz leicht und rosenrot ist. An einem Rosenstock entfaltet erst der Schnitt die Pracht der Blüte. Aber wenn wir uns trennen nach den gemeinsamen Stunden, in denen wir uns bemüht haben, auf der Höhe des Atems und des gegenwärtigen Augenblicks zu bleiben, dann wissen wir, daß etwas Reales erreicht wurde.

Bei unserer inneren Arbeit gibt es etwas, das beständig wächst. Könnten wir unseren eigenen Tod visualisieren in dem Wissen, daß dies unser einziges Leben ist, dann würde dieses Leben selbst einen ganz neuen Sinn gewinnen, und wir wären nicht mehr Schlafwandler, die von den Gezeiten des Schicksals hierhin und dahin gespült werden. Wir sind nicht mehr ganz und gar dem Schicksal ausgeliefert, wenn wir uns stets dieser verschiedenen Aspekte der Zeit erinnern, die alle vom Atem des Lebens getragen sind.

Wenn wir jeden Tag für sich nehmen und alle Aspekte der Zeit in ihm zur Geltung bringen, dann ist das so, als führen zwei Züge aufeinander zu. Einer kommt aus der Vergangenheit, ist losgefahren im Augenblick unserer Geburt, und der Lokführer heizt den Kessel mit unerlösten Gedankenformen. Am Ende des Tages steht wartend ein weiterer Zug. Die Maschine steht unter Dampf, mit feinstem Brennstoff beheizt, und der Lokführer wartet geduldig auf das Signal zur Abfahrt. Dieses Signal erfolgt nur, wenn wir wirklich von rückhaltloser Bereitschaft sind. Bekommt er das Signal, so setzt er den Zug in Bewegung. Sein Zug kommt vom Punkt der Vollendung her durch eine Welt der Möglichkeiten. In den Abteilen warten Hilfen für den Zug, der aus der Vergangenheit kommt. Und im Wind des gegenwärtigen Augenblicks brausen sie schließlich vorbei. Der große persische Dichter und Mystiker Maulana Dschelaladdin Rumi sagte: »Ich weiß, daß die beiden Welten Eine sind.« Wir erkennen es, wenn die beiden Züge vorbeifahren. Die Lokführer des einfahrenden und des ausfahrenden Zuges könnten gleichzeitig dem Stationsvorsteher winken.

7

Einatmen – ausatmen

Ist der Atem gehemmt, dann ist das Leben gehemmt.

Geduld ist ganz gewiß einer der Namen Gottes! Für mich war sie eine der schwierigsten Lektionen. Wir alle hier im Westen leiden an einer Krankheit namens Erwartung, und diese Krankheit wird uns durch Erziehung und Schule geradezu eingeimpft. Wir müssen Prüfungen bestehen und guten Noten nachjagen, und irgendwo, hinter der nächsten Ecke, sollte dann doch wohl gefälligst der Lohn für alle Mühen auf uns warten. Jeder weiß, daß Geld nicht unbedingt Glück und Zufriedenheit bringt, und doch scheint hier nichts so wichtig zu sein wie das An-sich-Raffen von Geld. Ganze Kulturen können heute an den Zuckungen der Börse zugrundegehen – welch ein absurder Zustand! Wie also können wir unser Denken so umstellen, daß uns der Pfad der Transformation und die Verantwortung, die wir tragen, deutlich werden? Eine gute Frage.

Einatmen, ausatmen: Es ist relativ leicht, sich des Einatmens bewußt zu sein. Wir alle atmen gern Wohlgerüche ein oder Seeluft. Wir können auch die Leidenschaft des Augenblicks einatmen. Wir können uns eine Farbe visuell vergegenwärtigen und uns von ihr durchstrahlen lassen. Wir können Kraft und Mut einatmen. Wir spüren die Zartheit einer Blüte beim Einatmen. Aber wenn wir nicht wach sind, können wir auch die Folgen unserer eigenen negativen Emotionen und Gedanken einatmen, ganz zu schweigen von der Negativität anderer. Wir atmen Gedanken ein, die sich an die Feuchtigkeit der Atemluft heften.

Erinnern wir uns, was geschieht, wenn wir einen Raum betreten. Alle atmen dieselbe Luft. Würde man die Luft etwa vor und nach einer geschäftlichen Konferenz untersuchen, so würde man wohl erhebliche Unterschiede feststellen. Die Atmosphäre ändert sich, sie wird von der Feuchtigkeit der Atemluft geschaffen.

Die Atmosphäre in einer Kirche, einer Moschee oder einem Tempel hat normalerweise eine gute und reine Schwingung. Die Menschen beten hier in Demut um das, was nottut. Und in ihren Gebeten und Gesängen, also beim Ausatmen, preisen sie Gott. Ihr Atem geht ungehemmt und erfüllt ihre Welt mit Liebe und Licht. In einer Atmosphäre, die vom Vorteilsdenken beherrscht ist, wird endlos geredet und gezerrt, aber die Haltung des Gebens fehlt hier. Hier kann es keine Ausgewogenheit, kein Gleichgewicht geben, und deshalb ist es so wichtig, dem Ausatmen Beachtung zu schenken. Das Leben gibt uns so viel, und mit dem Atem können wir etwas zurückgeben, unseren Freunden und der Erde selbst.

Wenn Sie die Arme ausbreiten und dann im Bogen heben, bis die Hände sich über dem Kopf berühren, um die gestreckten Arme dann schließlich vor der Brust bis in die Waagerechte sinken zu lassen, dann haben Sie gleichsam Ihr Universum umrissen. Ihr Universum, mit anderen Worten, ist durch die Reichweite Ihrer Arme definiert. Stellen Sie sich vor, Ihre Hände seien Verlängerungen Ihres Herz-Zentrums, und sie könnten ebenso durch die ausgestreckten Hände wie durch die Nase atmen. Sie könnten dann ein Blatt oder eine Blüte berühren und einatmen und von dieser Schönheit durchdrungen werden. Danach könnten Sie die Essenz dieser Schönheit wieder ausatmen und Ihr Universum mit Liebe und Licht erfüllen. Wirklich, Sie haben etwas zu geben.

Leider, wenn wir ehrlich sind, haben die Schwingungen, die wir ausatmen, zunächst keine allzu große Reichweite; sie füllen nicht einmal unser kleines Armlängenuniversum aus. Es ist, als hätte das Leben uns irgendwie erstickt und erdrückt, festgefrorener Schmerz überall. Aber wenn wir Schönheit einatmen, kann der Schmerz verwandelt werden, und was wir dann ausatmen, ist rein und strömt frei hinaus in eine wartende Welt.

Was geschieht zwischen Einatmen und Ausatmen? Die Wirklichkeit des Augenblicks steht genau in der Mitte zwischen diesen beiden Atemzügen, und nur wenn sie in wirklicher Ausgewogenheit strömen, wird uns offenbar, was dort verborgen liegt. Wo diese Ausgewogenheit fehlt, bleibt das, was sich befreien möchte, in unserem Herzen eingeschlossen. Deshalb ist das bewußte Atmen so wichtig. Wir mögen im Kopf noch so viele Begriffe umwälzen, dadurch öffnet sich das Verlies des Herzens nicht.

Das wurde mir zum erstenmal klar, als ich in einem Zen-Kloster in Japan lebte. Ich war jung, und vielleicht war mir die Ausgewogenheit des Atems einfach noch nicht wichtig genug; jedenfalls habe ich mich dieser Aufgabe damals noch nicht mit der nötigen Entschlossenheit gewidmet. Jahre später nahm ich an einem Retreat in einem Kloster des tibetischen Buddhismus teil. Ich war voller Erwartung und hatte mir fest vorgenommen, diesmal eine Antwort auf meine Fragen zu finden. Wenn wir eine persönliche Unterredung mit dem Lama wünschten, so wurde uns nach der Ankunft mitgeteilt, sollten wir uns in eine Warteliste eintragen. Damit sicherten wir uns zwanzig Minuten seiner kostbaren Zeit. Ich trug mich sofort ein, und ein paar Tage später wurde mir mitgeteilt, wann ich den Lama aufsuchen dürfe.

Ich weiß noch gut, daß ich den Raum des Lama mit sehr gemischten Gefühlen betrat – Erwartung und nackte Angst. Er saß auf einem Kissen und bedeutete mir, ihm gegenüber Platz zu nehmen. Er sprach kaum Englisch, und das machte die Sache auch nicht gerade leichter. Ich versuchte, meine Probleme zu erklären, und er schaute mich an, lächelte und nickte eifrig. Ich glaube nicht, daß er auch nur ein Wort verstanden hat, aber das machte offenbar nichts. Gegen Ende meiner zwanzig Minuten sagte er: »Sehr gut. Atmen Sie ein, atmen Sie aus. Heute anfangen. Sechs Stunden bitte.« Das war meine Unterredung mit dem Lama.

Ich ging in mein kleines Zimmer zurück und versuchte, mich mit dem Gedanken vertraut zu machen. Dafür war ich also so weit gereist, daß ich jetzt für sechs geschlagene Stunden am Tag sitzen und einfach atmen sollte. Weitere Erläuterungen gab es dazu nicht. Ich war nicht einmal an die übliche Lotos-Sitzhaltung gewöhnt, und Stühle gab es in der Meditationshalle natürlich nicht.

Etwa fünfundzwanzig Leute hielten sich im Kloster auf, und außerdem waren etliche Lamas zu Besuch. Sie begannen um vier

Uhr morgens mit ihren Rezitationen, und dann hatten wir aufzustehen und uns unserer Übung zu widmen. Ich hatte keine Ahnung, was da rezitiert wurde. Alle Augenblicke wurden irgendwelche Glocken und Gongs angeschlagen. Es kam mir alles sehr absonderlich vor, aber nach einigen Tagen fand ich allmählich in den Rhythmus hinein und entdeckte die friedliche Stille in all dem Geschehen.

Diese sechs Stunden Atmen machten mir allerdings immer noch Kummer. Zum Glück hatte man mir ein hartes rundes Sitzkissen gegeben, und ich wußte, daß ich meinen Rücken so gerade wie möglich halten mußte. Also faßte ich mir ein Herz und ging hinunter in die Halle. Hier war es ziemlich schummrig, nur einige Kerzen verbreiteten etwas Licht. In der Luft hing schwer der Duft von Räucherwerk. Im Halbdunkel sah ich etwa zehn andere Leute dasitzen, vermutlich atmend. Es war nicht ganz einfach, sich unbefangen in solch einer Situation zurechtzufinden.

Ich wurde das Gefühl nicht los, überhaupt nicht zu wissen, worum es ging, aber dann schloß ich die Augen und fing einfach an. Einatmen. Ausatmen. Ich weiß nicht mehr, wie lange ich dort an diesem ersten Tag gesessen habe. Ich dachte mir, es sei wohl in Ordnung, die sechs Stunden nicht an einem Stück abzusitzen. Die Beine schliefen mir ein, der Rücken tat weh – und es geschah überhaupt nichts. Nicht daß ich irgend etwas Bestimmtes erwartet hätte, aber ich war doch voller Erwartung, und es tat sich rein gar nichts. Keine Lichterscheinungen, keine Erkenntnisblitze. Nur ein anhaltendes Kollern im Bauch, denn das Essen war gar nicht nach meinem Geschmack.

Ich überstand den ersten Tag und raffte mich am nächsten Morgen tapfer zu einem erneuten Anlauf auf. Zum Glück hatte ich wenigstens jemanden gefunden, mit dem ich sprechen konnte und mit dem ich am Abend spazierenging. Er war Engländer wie ich, unterzog sich dieser Schulung jedoch schon seit einigen Jahren. Er war sehr höflich und geduldig und riet mir durchzuhalten.

Ich hielt also eine volle Woche durch, sechs Stunden Einatmen und Ausatmen am Tag, und bat dann erneut um ein Gespräch mit dem Lama. Diesmal war ein Übersetzer zugegen, und das war eine große Hilfe. Ich erklärte, so ruhig ich konnte, daß ich geatmet hatte, mich aber nur mit Mühe wachhalten konnte, ständig von Gedanken bedrängt wurde und bislang noch nichts erreicht hatte. »Aha«, sagte der Lama. »Sehr gut. Jetzt bitte acht Stunden am Tag.« Der Übersetzer lächelte, der Lama lächelte, und ich versuchte es auch. Jetzt also acht Stunden in dieser Halle sitzen, schweigende Gestalten um mich her, und diese zum schneiden dicke rauchgeschwängerte Luft. In meinem Zimmer mußte ich mich erst einmal wieder von diesem Schlag erholen.

Aber dann wurde diese folgende Woche doch ganz anders. Erwartung war wie weggeblasen. An ihre Stelle trat abgrundtiefe Langeweile. Gewiß, das Atmen wurde leichter, die Balance besser, aber acht Stunden sitzen am Tag, das war wirklich hart. In der nächsten Woche verlängerte der Lama meine Sitzzeit noch einmal, und jetzt begann irgend etwas, sich zu ändern. Mir war, als halluzinierte ich. Alle Ängste, alle Schuldgefühle, die ich je gehabt hatte, krochen an mir hoch. Ängste verdichteten sich zu greifbar wirklichen Dingen; ich war felsenfest überzeugt, daß sich in meinem Zimmer Schlangen und Tiger herumtrieben. Ich befand mich im Dschungel. Schließlich hielt ich diese grauenhaften Zustände nicht mehr aus und bat dringend um eine weitere Unterredung mit dem Lama. Diesmal wirkte er noch vergnügter, lächelte und nickte begeistert, als ich ihm meine Geschichte unterbreitete. Am Schluß lachte er laut und sagte: »Sehr gut, sehr gut! Nur weiter!«

Also gut, weiter. Und ganz allmählich wichen die Ängste, und der Atem bekam etwas Tänzerisches. Alte Gedankenbilder wurden durch den gegenwärtigen Augenblick erlöst und aufgelöst und verschwanden. Ich bekam einen Vorgeschmack darauf, was es heißt, auf der Höhe des Atems zu sein. Zeit bekam einen ganz anderen Sinn. Es gab sogar Augenblicke, in denen wirkliches Begreifen aufblitzte. Wenn ich dem Lama irgendwo auf dem Gang begegnete, verbeugte er sich lächelnd. Ich brauchte ihn nicht mehr zu sprechen. Ich wußte jetzt, wie recht er die ganze Zeit gehabt hatte.

8

Ein Gedanke in Gottes Geist

Im Denken liegt keine Freiheit.

Das wichtigste Ergebnis meiner Erfahrungen mit dem tibetischen Lama war vielleicht die Vertiefung meines Verständnisses für Transformation. Zum erstenmal begriff ich hier, was es überhaupt ist, das gewandelt werden muß. Kommen wir noch einmal auf das Element Wasser und seine subtile Beziehung zum Denken zurück.

Es gibt Zeiten, und jeder von uns kennt sie gut, in denen wir nicht klar sehen oder hören können. Das ist, als liefen die Gedanken vom Vortag oder sogar die Gedanken vieler Jahre einfach weiter. Fast alles Denken ist Vergleichen, aber im Vergleichen kann natürlich kein Erfassen der Einheit sein.

Es gibt ein Sprichwort, das Schülern auf dem spirituellen Pfad häufig als Anstoß gegeben wird: »Seit der Zeit der Jungfrau Maria bedarf es des Denkens nicht mehr.« Ich habe davon auch bei meiner Arbeit mit Themen Gebrauch gemacht, um zu demonstrieren, daß es bei jedem einzelnen liegt, mit welcher Intensität er diese Worte befragt, um ihren verborgenen Sinn zu entdecken. Jede Parabel, jede Sufi-Erzählung besitzt mindestens sieben Sinnebenen, und unser Verständnis wird um so tiefer, je tiefer wir uns in den Atem hineinlassen. Es kommt aber darauf an, der Antwort nicht *denkend* nachzuspüren.

Vor einigen Jahren, auf meiner jährlichen Rundreise durch Deutschland, kam es zu einer geradezu spektakulären Fehlinterpretation. Ich bin auf Übersetzer angewiesen, und es ist natürlich nicht ganz einfach, einen Satz wie den oben zitierten zu übersetzen. Schon im Englischen macht es Mühe, auch nur den äußeren Sinn zu verstehen. Ich war also zusammen mit einem guten deutschen Freund, der für mich übersetzte, auf dem Podium, und im Saal saßen mehrere hundert Menschen. Bis jetzt war der Abend gut verlaufen. Ich weiß noch, daß ich über die Linie der Propheten in der Sufi-Tradition sprach, über die siebenundzwanzig Hauptpropheten von Adam bis hin zum Propheten Muhammad (Friede und Segen ihm und seiner Familie). In dieser Tradition, so führte ich gerade aus, gehörte sowohl Jesus als auch Maria der Linie der Propheten an. Und hier fiel nun dieser Satz: »Seit der Zeit der Jungfrau Maria bedarf es des Denkens nicht mehr.« Ich blickte zu meinem Übersetzer hin, der noch dabei war, diesen Satz abzuschmecken, um auch wirklich die beste Übertragung zu bieten. Es entstand eine Pause, während der man eine Stecknadel hätte fallen hören können. Die meisten Deutschen verstehen zumindest ein wenig Englisch. Mein Freund hat dann wohl doch zuviel gedacht, denn in die tiefe Stille fiel nun der denkwürdige Satz: »Reshad sagt, daß es seit der Zeit der Jungfrau Maria keiner Jungfrauen mehr bedarf.«

Lachen ist eines der besten Heilmittel, und das wohl deshalb, weil es eine Form des Atmens ist. Ein befreiendes Gelächter brach los, und die Zuhörer konnten sich schier nicht fassen vor Heiterkeit. Der Tag war gerettet. Die Gefahr, daß wir zu ernst werden auf dem spirituellen Weg, ist immer gegeben.

Was ist eigentlich das Denken? Welchem Zweck dient es, und was ist eine »Gedanken-Form«? Diese Fragen sind seit jeher Gegenstand der Erörterung und Auseinandersetzung. Für mich hat die spirituelle Suche nichts mit dem Ausschließen dieser Fragen zu tun. Viele Menschen meinen, auf dem spirituellen Weg müsse man alle »störenden Einflüsse« einfach ausschließen, aber wenn wir die Einheit wirklich begreifen und finden wollen, wenn wir uns auf dieses große Abenteuer namens Leben wirklich einlassen wollen, dann hat es keinen Sinn, irgend etwas vom Ganzen abtrennen zu wollen. Auch das Denken gehört zu diesem Ganzen, wenn es auch viele Gefahren birgt. Sehen wir uns doch nur an, wieviel Ärger es uns macht: Wie oft führt es uns in die Irre durch all die Hoffnungen und Träume, die es hervorbringt!

In seinem Wesen aber ist auch das Denken nichts weiter als reine Energie. Wie würde es sich für Sie anfühlen, wenn Sie nur ein Gedanke in Gottes Geist wären? Das wäre reines Denken, reine Energie, die der Welt zur Verfügung stünde und nützlich wäre, nicht zersplittert in tausend Träume. In den Apokryphen des Johannes spricht Jesus die Worte: »Ich bin Gedanke und nichts als Gedanke.« Gewiß meinte er doch wohl, daß er ein Gedanke in Gottes Geist sei. Er ist Ausdruck des Göttlichen; ihm ist die Einheit und Verbundenheit allen Lebens stets gegenwärtig.

Stellen wir uns das Denken als einen Löffel Quecksilber vor. Anfangs war da ein Löffel, den Gott in der Hand hielt. Aus irgendeinem Grund neigte sich der Löffel, das Quecksilber fiel zu Boden und zerspritzte zu unzähligen Kügelchen, die auf dem Boden Muster bildeten. Es muß wohl notwendig gewesen sein, das Quecksilber zu verschütten, denn sonst gäbe es die Bühne des Lebens nicht, keine Schauspieler, kein Stück.

Und das Stück erzählt einen langen Heimweg, den Weg eines Quecksilbertröpfchens, das andere Tröpfchen aufzusammeln beginnt, die über die Oberfläche des Globus verstreut sind. Schritt für Schritt, von einer Mühe zur nächsten, sammeln wir langsam die Gedankenformen ein, die es danach verlangt, zu einem Ganzen zu werden, und hier beginnt das Erfassen der Einheit. Das geschieht durch rechtes Bemühen, durch Arbeit in der richtigen Richtung – es stellt sich nicht von ungefähr ein.

Für das Einsammeln der verstreuten Energie-Bruchstücke, die so schwer zu greifen sind wie Quecksilber, ist die Natur des Atems von entscheidender Bedeutung. Hat man uns in der Schule je darauf aufmerksam gemacht, daß die beiden Hauptsprachen der Antike, Griechisch und Lateinisch, ein und dasselbe Wort für Atem und Geist verwendeten? Versuchen wir, diese Identifikation nachzuvollziehen: Wenn Sie das Wort Geist hören, dann denken Sie an den Atem; wenn Sie sich Ihres Atems bewußt sind, dann denken Sie an den Geist. Das allein kann schon einiges ändern im Leben. Atem *ist* Geist.

Zuzeiten habe ich mich wie ein stehendes Gewässer gefühlt. Das Denken dreht sich im Kreis immer auf sich selbst zurück, und alle Gedanken suchen vergeblich nach einem Gegenstück. Dann gab es aber auch Zeiten, in denen das Wasser des Lebens floß, der Geist »auf dem Wasser schwebte« und Harmonie herrschte. Andere spürten dann diese Harmonie und wurden davon ergriffen und gelangten vielleicht sogar selbst in den Strom zurück. Vergaß ich dann aber den Atem, den Geist, dann wurde alles wieder zu stehendem Gewässer. Das Bewußtsein schließt sich der Entwicklung an, dann auch das Fühlen und schließlich der Körper. So sieht der Weg in die Krankheit für uns alle aus.

Der Atem ist in Bewegung, der Geist ist in Bewegung, das Wasser kommt wieder in Fluß, strebt dem Meer zu. Es gibt wieder Freiheit und Freude, ein Gefühl der Vollendung. Wir sind erlöst aus den Fesseln der Verblendung, jenem Zustand, in dem die Gedanken für sich allein stehen und wir in verzweifelter Einsamkeit leben.

Atem ist Leben. Einatmen, ausatmen. Wir erhalten diese große Gabe, um das Denken und die Wege des Denkens verstehen zu können, die Übertragung des Denkens von einer Welt in eine andere, aus der Welt des reinen Denkens in die Welt der Archetypen, in die Welt der Ideen, durch die Welt der Möglichkeiten bis hinunter in die relative Welt, wo eine beständige Wiedergeburt stattfinden muß in jedem bewußten Atemzug eines jeden Menschen.

Evolution ist also nicht nur eine Sache der Entwicklung des biologischen Lebens. Es gibt daneben auch eine Bewußtseinsevolution – oder zumindest die Möglichkeit dazu. Biologische Evolution unterliegt der Ordnung der Natur, aber uns Menschen obliegt es, den großen Schritt zur Bewußtseinsevolution zu tun. Wir haben uns bewußt und wach in die Verbundenheit aller Dinge einzufügen, anstatt uns vom Schicksal herumstoßen zu lassen. Bestimmung kann in der Hand eines Liebenden liegen. Der Unachtsame aber erleidet einfach ein Schicksal.

Schauen wir uns doch nur an, in welchem Zustand die Welt ist. Verwüstung der Umwelt, Krankheit, Gier und Verblendung. Das war nicht immer so. Aber die Geschichte schreitet in Zyklen voran, und wir haben nun gewiß genügend Warnungen erhalten, die uns motivieren sollten, uns endlich für unsere Kinder und deren Kinder einzusetzen, damit sie in einer Welt erneuerter Möglichkeiten aufwachsen können. Es liegt an uns. Keiner nimmt uns die Arbeit ab. Wir müssen atmen lernen; wir müssen uns klarmachen, was der Atem ist und weshalb er uns gegeben wurde. Da mögen wir noch so viel reden und denken, was nützt das alles, solange wir nicht realisieren, daß wir einst ein Gedanke in Gottes Geist waren und auf dem Weg sind, der zurück in dieses Eine führt. Bei Laotse lesen wir über das Tao, den Inbegriff des Lebens: »Das Tao schuf die Einheit. Einheit schuf Zweiheit. Zweiheit schuf Dreiheit. Dreiheit schuf die zehntausend Wesen.«

9
Die Triade der Freiheit

Halbherzigkeit führt nur zu Wiederholungen von etwas, dem mit Wiederholungen nicht gedient ist, weil es eingelöst und erlöst werden muß.

In vielen meiner Vorträge und Workshops spreche ich über die »Triade der Freiheit«. Wie die Einheit die Zweiheit erschafft, die Zweiheit die Dreiheit und die Dreiheit die zehntausend Wesen, so gibt es auch eine Triade der Freiheit, die uns dazu verhilft, mit unerlösten Gedankenformen auf die sinnvollste Weise umzugehen. Die Glieder dieser Triade nenne ich »Verpflichtung, Bereitschaft und Einverständnis«, doch wo mehr als der bloße Anschein eines Wandels angestrebt wird, genügen Worte nicht; erst ihr innerer Sinn kann wirklichen Wandel herbeiführen.

Da wir zu achtzig Prozent aus Wasser bestehen, ziehen wir massenhaft Gedankenformen an, und die meisten sind nutzlos. Es ist ein Wunder, daß wir überhaupt denken können – ganz zu schweigen vom schöpferischen Denken für das Wohl des Ganzen und für unsere Kinder und deren Kinder. Wir haften an den Gedanken der Vergangenheit und wiederholen deshalb meistens nur Gewohnheitsmuster; damit aber tun wir nicht gerade viel für die Evolution des Bewußtseins. Das bewußte Atmen bringt die Dinge in Fluß, und dann erst kann sich wirklich etwas ändern. Wir müssen durch Erfahrung verstehen lernen, wie der Atem unser Leben buchstäblich umkrempeln kann. Und dafür ist die Triade der Freiheit von ausschlaggebender Bedeutung.

Reines Denken ist reine Energie. Wenn es aber ein Projizieren sekundärer oder aufgewärmter Gedanken ist, dann kann von reiner Energie nicht mehr die Rede sein. Wenn wir unser Leben einmal ehrlich betrachten, dann kann uns nicht entgehen, wie oft wir irgendein Projekt beginnen, und sei es auch nur die Planung einer Reise, ohne uns dem Gedanken mit vollem Einsatz zu widmen. Natürlich gibt es viele Ebenen des Engagements, so wie es ja auch viele Welten gibt. Wir können uns einem Ideal verpflichtet fühlen, dann einer Idee und so weiter bis hinunter zur konkreten Materialisation des Ideals. Gefahren lauern bei jedem Schritt, und ihnen können wir nur durch rückhaltloses Engagement begegnen. Ansonsten werden wir immer wieder von unseren ursprünglichen Absichten abgelenkt.

Stets ist da ein Teil von uns, der an etwas festhalten möchte, der sich an alles heftet, was Sicherheit und festen Grund zu bieten scheint. Das ist wie mit dem Schüler, der seinen Lehrer bittet, ihn zur Wahrheit zu führen. Der Lehrer bringt ihn an den Rand eines steilen Abgrunds. »Spring«, sagt er. Der Schüler hat Jahre gebraucht bis zu diesem Punkt, dem Punkt der vollkommenen Selbstaufgabe, doch dieser Sprung ins Unbekannte erfordert dann doch noch einmal eine gehörige Portion Mut. »Nur keine Sorge«, sagt der Lehrer. »Es mußte früher oder später so kommen. Hab Vertrauen!«

Der Schüler zögert einen Augenblick – und springt. Im Fallen bemerkt er einen Baum und greift unwillkürlich danach und klammert sich fest. Durch das Krachen im Geäst hört er von oben die Stimme: »Laß los! Und bis gleich.« Der Ast bricht. Er stürzt hinunter in den Schlund, landet aber zu seiner Überraschung sehr sanft – und zwar in den Armen seines Lehrers, der schon da ist.

Eine bestimmte Art von feiner und doch starker Energie muß zur rechten Zeit erzeugt werden, wenn unser Engagement überhaupt einen Sinn haben soll. Und sie darf nicht aus wiedergekäuten Gedanken stammen, sondern muß unserer schöpferischen Tiefe entspringen. Wir müssen uns einen Augenblick sammeln und bewußt atmen, um uns auf den Schritt ins Unbekannte vorzubereiten – denn wir können nie ganz genau wissen, worauf unser Handeln hinauslaufen wird. Wahres Engagement und wahrer Einsatz stehen außerhalb der Zeit im üblichen Sinne dieses Wortes. Soll unser Engagement bleibende Früchte tragen, so muß es stark sein und braucht einen fruchtbaren Boden.

Nun haben wir zwar eine gewisse Kontrolle über die Zeit, wissen aber nicht unbedingt, wann der Boden bereitet ist für die

Saat. Wir könnten zum Beispiel eine große Idee haben, von der wir – gleichsam als ihr Vermittler – wissen, daß sie für unsere Zeit von lebenswichtiger Bedeutung ist. Und doch ist vielleicht niemand da, der diese Idee aufnehmen kann. Sie wird dann einstweilen in der Welt des Möglichen verwahrt, einer Art göttlichem Archiv, und die Welt muß warten, bis irgendwer begreift, daß etwas geschehen muß für das Wohl der Menschheit. Die Weisheit, die in der »Triade der Freiheit« liegt, kann auch einsam machen, aber es ist ein schöpferisches Alleinsein, ein tiefes Gefühl, daß alles gut ist, so, wie es ist.

Wo wirkliches Engagement fehlt, zögern wir, und schon wird Zeit vergeudet. Auch das bedeutet wieder, daß das Mögliche vom Denken überschattet wird und das Licht nicht durchdringen kann, das für echtes Wachstum unabdingbar ist. Wir müssen bedingungslose Bereitschaft aufbringen, und in erster Linie natürlich für das Leben selbst – nur darin liegt wahre Freiheit. Bevor wir etwas unternehmen, müssen wir uns fragen, ob wir wirklich bereit sind zu vollem Engagement. Es könnte ja auch Leiden mit unserem Vorhaben verbunden sein; sind wir bereit, es auf uns zu nehmen, damit die Idee ihren Weg in die Welt finden kann?

Auch scheinbar unbedeutende Entscheidungen können viele Menschenleben beeinflussen. Denken wir also stets daran, daß wir auf Freiheit aus sind, Freiheit von Verblendung und unnötigem Leiden, Freiheit der Erkenntnis, Freiheit für unsere Kinder und deren Kinder. Dazu muß jede noch unerfüllte Vision verwirklicht werden, und jeder böse Gedanke, der aus Zorn, Groll, Gier, Neid und dergleichen entstand, muß aus dem Dunkel ans Licht gebracht werden.

Jedesmal, wenn wir uns ganz und bedingungslos engagieren, für große oder kleine Ziele und Entscheidungen, gerät in den höheren Welten etwas in Bewegung und kommt uns zur Hilfe. Etwas wandelt sich zum Besseren. Uneingelöstes Denken findet durch die Zeit zurück den Weg zu seinem Ursprung. Was einfache Menschen ohne jeden Anspruch und in Demut tun, kann weitaus segensreicher wirken als die endlosen Palaver wohlmeinender Menschen, die kein echtes Engagement aufbringen und auch den Preis nicht zu zahlen bereit sind, den ihre Entscheidungen kosten könnten.

Es gibt eine wunderschöne und zudem wahre Geschichte über einen einfachen Mann, der mit seiner Beharrlichkeit einen ganzen Landstrich in Frankreich vollkommen veränderte. Man nannte ihn den Baum-Mann, und es gibt ein kleines Buch, das seine Geschichte erzählt, die »Geschichte von einem Mann, der Hoffnung säte und Glück wachsen ließ«.

Sie ereignete sich in der Zeit des Ersten Weltkriegs. Jemand beobachtete ihn einmal, wie er still und unauffällig Eicheln in den Boden setzte, Tag für Tag, und das in einer völlig verödeten und verlassenen Gegend. Die wenigen Menschen, die hier lebten, waren rauh und wortkarg. Heiße Winde fegten unaufhörlich über das Land. Doch dieser einsame Mann war durch nichts zu beirren, setzte unentwegt seine Eicheln und pflanzte dann die jungen Bäumchen aus.

Nach Kriegsende suchte der Mann, der ihn entdeckt hatte, die Gegend wieder auf, um zu sehen, was aus dem Baum-Mann geworden war. Er lebte und erweiterte seine Eichenbestände jetzt durch Buchen und andere Baumarten. Es war schon ein richtiger Wald entstanden, und es liefen Bäche durch eine vormals völlig verkarstete Gegend. Grün war das Land weit und breit, und schon kamen die ersten Siedler, um das Land zu bebauen. Man sah fröhliche, unbefangene Kinder. Alles war wie verwandelt. Und irgendwann rang sich sogar die Regierung zur Anerkennung dieser Leistung durch. Elzeard Bouffier, der Baum-Mann, starb 1947. Die Demut, Ausdauer und Entschlossenheit eines Mannes hatten das Gesicht einer ganzen Landschaft verändert. Seine Geschichte wurde auf der ganzen Welt gelesen und verbreitete überall Hoffnung.

Fühle ich mich verpflichtet? Bin ich bereit? Bin ich einverstanden? Wenn wir diese drei Fragen mit ja beantworten können, so haben wir damit den Pfad des Dienens eingeschlagen und tun den ersten Schritt aus der Tyrannei der Zeit. Die Zeit arbeitet jetzt für uns und, wie ein berühmter Sufi-Mystiker sagte, »Viele seltsame Dinge werden geschehen; bitte Gott, daß er dich unterrichte.«

10

Erwartung

Jeder Augenblick enthält einen Spiegel. Die richtige Frage, und wir können uns selbst jederzeit in diesem Spiegel entgegentreten.

Die Triade der Freiheit – wir sprechen hier von der potentiellen Freiheit der Seele. Es heißt, die Seele sei erkennende Substanz und dazu veranlagt, von den Beschränkungen dieser Welt – Zeit, Schwere und dergleichen – frei zu sein. Hier auf dieser Erde zu sein in der Erkenntnis unserer selbst und der ewigen Fortdauer des Lebens – darin liegt diese Freiheit. Und die vollkommene Hingabe an dieses Leben selbst führt uns zu dieser Freiheit. Dies mit dem Verstand zu wissen, genügt nicht. Es liegt an uns, dieses Wissen aus den Theorien herauszulösen und es hier vor unserer Nase in der relativen Welt in die Tat umzusetzen. Transzendenz ohne konkrete Unmittelbarkeit öffnet nur einen Flügel der Seele.

Es gibt eine Freiheit »von«, eine Freiheit »in« und eine Freiheit »für«. Freiheit von der Illusion, wir seien von der Einheit getrennt; Freiheit in der Selbsterkenntnis; Freiheit für unsere Kinder und deren Kinder. Wie »das Leben« niemals stirbt, so auch der Atem, wenn wir ihn als den Hauch Gottes ansehen. Beide sind ein anfangs- und endloses Kontinuum, das die relative Welt erfüllt und doch zugleich über ihr steht. Es hat seine Fortdauer in der ewigen Gegenwart, und es geht in die relative Welt ein durch die Atemzüge des Menschen.

Um irgend etwas davon wirklich zu begreifen, bedarf es vollkommener Aufrichtigkeit. Wenn wir wirklich ehrlich uns selbst gegenüber sind, dann wissen wir, daß wir meist nicht ganz wach sind für den gegenwärtigen Augenblick und uns daher von der Einheit getrennt fühlen. Sobald wir aber ehrlich sind, entdecken wir in uns den Wunsch aufzuwachen. Im gegenwärtigen Augenblick zu sein, das kann ein Verlangen werden, das alles andere in den Schatten stellt. Es gibt ja Augenblicke, in denen wir einen flüchtigen Blick auf diese wirkliche Welt erhaschen, einen Eindruck von der Kontinuität des Lebens gewinnen, an der wir teilhaben. Jeder dieser lichten Momente ist wie die Perle eines Rosenkranzes, den wir aufziehen in dem Bemühen um Bewußtsein, bis er eines Tages vollständig ist und es keine Trennung mehr gibt. Diese Perlen sind unverzichtbare Bestandteile des Rosenkranzes, der verschlossen wird mit dem Knoten der Ewigkeit.

Haben wir erst einmal akzeptiert, daß Aufrichtigkeit nötig ist, um aufzuwachen, so besteht der nächste Schritt in der Frage nach unserer Lebenseinstellung. Dazu gibt es keine bessere Voraussetzung, als für einen Augenblick innezuhalten, still dazusitzen und zu atmen. Wir können uns die Kontinuität vergegenwärtigen, indem wir das Heben und Senken unseres Atems verfolgen und darauf achten, wie oft wir fern vom Gefühl der Harmonie sind, von jenem Laut des inneren Erkennens. Nach einer Weile, und weiterhin den Atem beobachtend, werden wir still und können nun unser Engagement für die Triade der Freiheit erforschen.

Haben wir uns wirklich rückhaltlos dem Leben verpflichtet? Wenn ja, dann wird zu gegebener Zeit all das allmählich verschwinden, was jetzt noch verhindert, daß die Perlen sich zum Rosenkranz aufreihen. Aufrichtigkeit erzeugt die Flamme, die alle Schlacke fortbrennt, bis wir, mitten in dieser relativen Welt lebend, die wirkliche Erfahrung der Einheit machen. Es gibt Menschen, die Gott in der Schöpfung erkennen, und es gibt andere, die die Schöpfung in Gott erkennen. Die Wissenden erkennen Gott in der Schöpfung und die Schöpfung in Gott, beides zugleich.

Aber sprechen wir über Erwartung, einen der großen Stolpersteine auf dem Weg. In manchen Traditionen nennt man sie »der Rote Tod«, denn Erwartung führt zu endlosen Verzögerungen der Reise.

An der Oberfläche ist die Lage, in der wir uns so häufig finden, relativ leicht zu durchschauen: Wir erwarten ein bestimmtes Ereignis; wir erwarten, daß jemand sich so verhält, wie wir es wünschen oder wie er sich unserer Ansicht nach verhalten sollte.

Diese Haltung führt unweigerlich zu Enttäuschungen, Kummer und Groll. Wir verbergen uns auf diese Weise nur die drei Mauern, die uns von der Wahrheit trennen – Haß, Neid und Hochmut. Es kommt aber darauf an, daß wir diese Barrieren offen und ehrlich zur Kenntnis nehmen. Erwartungen veranlassen uns, die Mauern von Meinungen und negativen Gefühlen derart überwuchern zu lassen, daß sie kaum noch zu sehen sind. Aber wie wollen wir Haß oder Groll umwandeln, wenn wir gar nicht sehen, daß wir solche Gefühle hegen? Es ist andererseits gar nicht so einfach, mit Erwartungen und ihren Hintergründen umzugehen. Vieles muß dazu erst einmal gesichtet werden, und erst in der Tiefe entdecken wir, weshalb wir den Prozeß, der zu Erwartungen führt, meist nicht rechtzeitig anhalten können.

Es könnte zunächst nützlich sein, sich einmal zu vergegenwärtigen, daß es ganz einfach ein schlechtes Benehmen ist zu erwarten, daß die Dinge so sein sollen, wie wir sie haben wollen. Alle Gaben kommen von Gott, und wer sind wir denn, daß wir uns der göttlichen Harmonie in den Weg stellen dürften? Doch wir sind nun mal mit einem gewissen Maß an freiem Willen begabt, und da uns dies befähigt, dem Intendierten den Weg zu verstellen, tun wir es häufig auch. Das aber verzögert nur unsere eigene Wandlung und die Wandlung anderer. Wir sind alle miteinander verbunden, und das sollten wir uns ständig vor Augen halten.

Erwartung ist eine Projektion unserer Wünsche und Begierden. Wenn wir von den Ursachen der Erwartungs-Krankheit sprechen, ist noch eine weitere Gefahr zu erwähnen, nämlich im Zusammenhang mit etwas, das in letzter Zeit unter der Bezeichnung »Chanelling« bekanntgeworden ist. Chanelling ist eine Art von medialer Begabung: Jemand hat das Gefühl, er sei in direktem Kontakt mit einer Wesenheit aus den unsichtbaren Welten; diese Wesenheit hat normalerweise in einer anderen Zeit gelebt und benutzt nun das Medium, um kundzutun, was ihrer Ansicht nach gesagt werden muß. Interessanterweise treten solche Phänomene gehäuft gegen Ende eines Zeitzyklus auf, wenn überall die Angst, von der Vergangenheit loszulassen, sich ausbreitet. Auch Kriege und Naturkatastrophen sollen für solche Zeiten charakteristisch sein. Gerade jetzt gibt es wieder eine ganze Flut von solchen Leuten, die von verblichenen Indianern über hohe tibetische Lamas bis hin zu altägyptischen Priestern alles »kanalisieren«, was man sich denken kann. Natürlich wird jeder, der sich einen Rest Urteilskraft bewahrt hat, erst einmal stutzen, tief durchatmen und genau zuhören, bevor er sich auf etwas einläßt, was größtenteils nichts als alberner Hokuspokus ist. Es gibt allerdings ernstzunehmende Ausnahmen.

Widmen wir uns solchen Fragen ruhig ernsthaft, aber nicht ohne das Schwert des Humors in der Hand. Einmal hielt ich in Deutschland einen Vortrag, in dem auch von diesen Gegenständen die Rede war. Eine Zuhörerin stand auf und sagte: »Ich habe gehört, daß Atlantis SOS-Signale sendet.« – »Ach, wirklich?« gab ich zurück. »Also, ich weiß aus höchster Quelle, daß Atlantis durch Syphilis untergegangen ist.« Mein Übersetzer, der meine Antwort nicht ganz mitbekommen hatte, wandte sich zu mir um und fragte: »Wer?«

Humor ist eine Kunst, ein wirksamer Schutz und eine Gabe. Jedenfalls brauchen wir Humor, wenn wir mit solchen Dingen wie dem Chanelling umgehen. Kürzlich sprach ich darüber mit einer berühmten Heilerin. Sie konnte sich kaum halten vor Lachen und sagte dann, sie selbst sei in einem einzigen Jahr sechsundzwanzig Menschen begegnet, die von sich behaupteten, sie hätten über einen Kanal erfahren, sie seien die Reinkarnation der Jungfrau Maria.

Aber ernsthaft: Wie viele von diesen Leuten fragen sich wohl, von wie hohem Bewußtseinsstand ihre »Wesenheiten« waren, als sie in dieser Welt lebten? Es verlangt die Menschen so sehr nach Erkenntnis, daß sie diese Situationen geradezu herbeireden; sie erwarten, daß sie Antworten auf die Fragen des Lebens erhalten, ohne selbst auch nur den kleinen Finger dafür krumm zu machen. Sie saugen begierig auf, was diese Kanäle ihnen sagen, und das ist ja in der Regel entweder eine Frühwarnung vor dem bevorstehenden Weltuntergang oder die Anweisung, sich auf das Besteigen eines Raumschiffs vorzubereiten, das jeden Augenblick landen kann, um sie in eine Welt zu entführen, in der Milch und Honig fließen.

Und wem wäre schon einmal aufgefallen, daß das Chanelling-Medium in seiner Halb-Trance allen Sinn für den Atem verliert? Diese Menschen sind keineswegs wach für den Augenblick, und so kann man sie gewiß nicht als bewußt bezeichnen. Dann aber sind sie aus der ewigen Kontinuität der Liebe gefallen in eine elende Welt trügerischer Hoffnungen aufgrund der Erwartung, »da draußen« sei jemand, der es schon alles für sie richten werde.

Das ist schwankender Boden, gefährlich jedenfalls, wenn wir zur Einsicht in unsere wahre Natur kommen wollen. Chanelling ist eine dualistische Sache: Da ist immer eine Person, die »kanalisiert«, und jenes »andere« Wesen, das uns armen Sterblichen etwas mitzuteilen sucht. Wenn diese Wesenheiten, die nicht mehr und nicht weniger als Bündel von unerlösten Gedankenformen sind, in ihrem Erdenleben nicht volle Verwirklichung erlangt haben, wie sollen sie dann jetzt plötzlich in der Lage sein, uns das Wissen von der Einheit zu vermitteln. Diese Welt ist das Revier, in dem nach Erkenntnis gejagt werden kann. Dieses Leben hier ist unser einziges, und nur hier können wir die Herren unserer selbst – also unserer niederen oder animalischen Natur – werden. Wir wären wahrlich dumm, diese Chance nicht zu nutzen, indem wir unser bedingungsloses Engagement für das Leben selbst ständig erneuern. Es gibt so viele Möglichkeiten abzuirren, und es kostet viel Mühe, auf den wahren Weg zurückzufinden.

Die Frage ist also, wie wir die Spreu vom Weizen sondern können und ob vielleicht an manchen Hinweisen aus »anderen Welten« doch etwas dran ist, was uns nützen könnte. Denn zweifellos hat es tatsächlich Fälle von erstaunlichen Offenbarungen gegeben, auch Prophezeihungen, die sich bewahrheiteten. Wenn wir aber ehrlich sind, hat sich nur ein verschwindend geringer Teil des ganzen Wortschwalls als brauchbar erwiesen. Es gibt moderne Propheten, die nützliche Informationen verbreiten, doch daneben produzieren sie endlosen Unsinn. Kalifornien, um nur ein Beispiel zu nennen, müßte danach längst im Meer versunken sein.

Wie aber sollen wir »die Geister prüfen«, wie es uns in der Bibel angeraten wird? Wer und was sind die falschen Propheten?

Diese Frage wird mir immer wieder gestellt, und ich versuche, möglichst einfach zu antworten. Fragt man mich, ob dieser oder jener ein echter spiritueller Meister oder ob diese oder jene Unterweisung richtig und gut sei, so antworte ich, daß die Wahrheit in jedem einzelnen von uns liegt, wenn auch stark überkrustet; wir brauchen nur aufrichtig und ernsthaft in uns selbst zu forschen, um die Antwort zu finden. Wir müssen zu jenem wunderbaren Punkt der Stille kommen, den Atem verfolgen und aus der Mitte heraus um die Antwort bitten. Sind wir wirklich ganz entschieden in unserer fragenden Haltung und legen alles, was wir sind, rückhaltlos in diese Frage, so spüren wir, ob eine bestimmte Person oder Situation sich echt anfühlt oder nicht.

Das ist wie bei einer Stimmgabel. Wenn zwei gleichgestimmte Gabeln sich im Raum befinden und man eine von beiden anschlägt, so wird die andere durch Resonanz mitschwingen. Sind die Gabeln jedoch verschieden gestimmt, so kommt es zu keiner Resonanz und zu keinem Mitschwingen. Wir haben ein Recht, die Wahrheit wissen zu wollen. Wir dürfen uns nicht blenden lassen durch den äußeren Glanz, mit dem Weissagungen sich zu umgeben wissen. Die Wahrheit wohnt in einem ehrlichen Herzen und in unserem leidenschaftlichen Verlangen, der Wahrheit selbst zu dienen.

11

Nicht dies, nicht das

*Eine Geschichte kann auf vielen verschiedenen Ebenen
verstanden werden, und Humor hilft dabei.*

»Zeit ist das ewige Attribut Gottes.« »Es war einmal.« »Auf der
Höhe der Zeit sein.« Alle diese Themen beinhalten eine Herausforderung, doch Worte verschleiern häufig die Wahrheit. Wir
müssen einen tiefen Blick in unser Inneres wagen, um selbst die
Antwort zu finden. Worte, die echte Herausforderung und
echte Frage beinhalten, können aber auch etwas sein, was den
Spiegel unseres Herzens blankputzt. Wir müssen beileibe nicht
unbedingt übereinstimmen mit dem, was wir lesen. Auch wenn
wir ganz entschieden anderer Auffassung sind, können die
Worte, denen wir widersprechen, eine schöpferische Spannung
erzeugen – falls wir nicht in Urteile oder Vorurteile abgleiten.

In fast allen esoterischen Traditionen, den Weisheitslehren,
die Jahrhunderte oder Jahrtausende überdauert haben, steht am
Beginn des Weges ins Unbekannte die Negation. Aus dem Hin-
duismus etwa stammt die Redewendung »Neti, Neti« – Nicht
dies, nicht das. In der Sufi-Tradition sagt man: »Lā ilāha illā'
Llāh.« Lā bedeutet »Nein«. Nein, wir können nicht akzeptieren, daß diese Welt der Erscheinungen und des Leidens alles sein
soll. Wir lassen uns nicht weismachen, daß es möglich sei, vom
Geist und von göttlicher Gnade erfüllt zu sein, bevor wir uns
ganz entleert haben – von uns selbst und von unseren Meinungen
über andere. Wir werden weder Gier noch Verblendung noch
Grausamkeit noch Eigensinn akzeptieren, wenn sie nicht Gottes
Wille sind. Wir werden das Leben nicht einfach hinnehmen,
ohne nach seinem Wesen zu fragen. Wir werden uns nicht von
Verblendung beherrschen lassen, wenn wir intelligenzbegabte
Wesen sind. Nein. Nein. Nein. Lā ilāha (Es gibt keinen Gott)
illā' Llāh (außer Gott).

Man kann sich darüber auslassen, wie herrlich doch alles eingerichtet ist, und panzert dabei doch nur das Ego mit immer mehr Meinungen, anstatt wach zu sein für die wirklichen Erfordernisse des Augenblicks. Es ist nicht leicht, uns in eine Verfassung zu bringen, wo nur noch der gegenwärtige Augenblick existiert, nur noch Er, *Hū*, jener Wunder-Laut, von dem schon die Rede war. Wir müssen das Dornengerank der Urteile und Meinungen wegschneiden, um die Rose zu finden, die darauf wartet, ans Licht zu gelangen und ihre Schönheit der Welt zu zeigen. Wir müssen unnachsichtig mit uns selbst sein. Nein, ich werde mich nicht meiner niederen Natur unterwerfen. Nein, ich lasse nicht zu, daß diese Rose wieder überwuchert wird. Ich werde alle überflüssige Form abstreifen. Wie der alte Mann am Strand werde ich den Spiegel des Herzens blankputzen, damit andere sich darin sehen können. Nein, ich will nichts anderes als Vereinigung mit dem Göttlichen. Ich will die Trennung nicht mehr.

Inmitten all diesen Verneinungen können wir der Welt ein echtes Ja zurufen. Ja, ich weiß, daß da nur Ein Sein ist. Ja ich weiß, daß wir Menschen die Erlöser Gottes sind. Wir sind es, die durch liebendes Erkennen den in uns eingeschlossenen Gott befreien können, so daß die Seele wieder auffliegen kann wie die Taube, die nach der Sintflut den Ölzweig brachte.

Durch ein ausgewogenes Verhältnis von Verneinung und Bejahung brechen nach und nach die Mauern der Form ein, in denen wir festsitzen. Am Ende muß alle Form verschwinden, aber wir haben nun mal diesen Leib, in dem wir dieses Leben verbringen. Das Leben scheint ein endloses Paradox zu sein. Wir brauchen die Form, um auf der Erde leben zu können, denn wir sind die Hüter dieses Planeten. Die »wirkliche Welt« jedoch ist nicht unbedingt an die physikalischen Gesetze gebunden. Wir erhalten dieses Leben als Geschenk, als die beste Gelegenheit, die Einheit zu erfassen und zu echter Verwirklichung zu gelangen. Erst wenn wir von allen Meinungen frei sind und unser Sehen und Hören nicht mehr von unseren persönlichen Urteilen geprägt ist, können wir wahrhaft in der Welt und doch nicht von der Welt sein. Wir stehen in dieser Welt und verbeugen uns zugleich vor der nächsten.

Es gibt eine köstliche Geschichte, die vom Durchbrechen der Form handelt. Ich kenne sie in zahlreichen Versionen aus verschiedenen religiösen Traditionen. Wie alle wahren Geschichten erschließt sich uns auch diese auf mindestens sieben Verständnisebenen, wenn wir nach ihrem inneren Sinn fragen und uns Rechenschaft darüber ablegen, weshalb sie uns zu bestimmten Zeiten präsentiert wird, zu anderen aber nicht.

Einmal wurde der Imam (der Gebetsleiter und Koranlehrer) einer berühmten Moschee von einem Freund angesprochen, und dieser teilte ihm mit, er habe ihm etwas Wichtiges anzuvertrauen. »Komm mit«, sagte der Imam, und sie gingen in den Vorhof der Moschee und setzten sich neben den Brunnen, wo die Gläubigen sich wuschen, bevor sie zum täglichen Gebet eintreten. »Gibt es Unannehmlichkeiten?« fragte der Imam. Der Mann beugte sich vor und vergewisserte sich durch Blicke nach allen Seiten, daß niemand lauschte. »Imam«, sagte er, »Ihr kennt doch die kleine Insel gleich vor der Flußmündung. Ein paar von uns haben abends einmal etwas gehört und angestrengt gehorcht, und es sieht so aus, als wäre da drüben ein Mann, der vielleicht ein bißchen zuviel gebetet hat.«

»Wie meinst du das?« fragte der Imam. »Wie kann ein Gäubiger zuviel beten?« – »Nun ja«, erwiderte der Mann, »er spricht das Gebet rückwärts, falsch herum. Vielleicht hat er ein wenig übertrieben und braucht jetzt Hilfe. Ihr habt es uns doch so gelehrt: Lā ilāha illā' Llāh, Muhammadur Rasulu' Llah (Es gibt keinen Gott außer Gott, und Muhammad ist sein Prophet), und später: 'Allah Hū' (Gott, Er). Dieser Mann da drüben auf der Insel sagt aber eindeutig: 'Hū Allah' und nicht 'Allah Hū'. Und das geht den ganzen Tag so und einen Großteil der Nacht. Ich dachte, ich müßte Euch das sagen. Aber ich will mich natürlich nicht einmischen.«

Der Imam strahlte. Das versprach ein guter Tag zu werden. Jetzt konnte er ein gutes Werk tun und Allah bei seiner Arbeit helfen. Kein Zweifel, er mußte auf die Insel und diesen Mann auf den rechten Weg zurückführen. Es war gewiß ein gläubiger Mann, aber vermutlich schon zu lange dort auf der Insel. Er konnte unmöglich Freitags die Moschee besucht haben, denn sonst wüßte er ja wohl, wie man das Gebet richtig spricht. Vielleicht war er ein bißchen verwirrt. Der Imam wußte, daß so etwas vorkommen kann bei Leuten, die zuviel beten und die Welt vergessen. Es mußte sofort gehandelt werden.

»Geh und treibe mir ein Boot auf, guter Mann«, sagte er und erhob sich gebieterisch. »Ich werde mich dieser Sache annehmen. Es war gut, daß du zu mir kamst. Der Himmel wird es dir lohnen.« Er tätschelte dem Mann anerkennend den Kopf, sprach ein paar Gebete und gab Anweisung, ihm sofort Bescheid zu geben, wenn ein Boot gefunden war. Einige Zeit später kam der Mann wieder angerannt und sagte, das Boot sei bereit, und es sei auch ein Mann dabei, der ihn übersetzen werde. »Nicht doch«, sagte der Imam. »Ich werde selbst rudern. Solche Arbeit muß ganz bestimmten Leuten überlassen bleiben.«

Zufrieden lächelnd, kostbar gewandet und mit dem Turban auf dem Kopf legte er sich wacker in die Riemen. Unseligerweise erhob sich ein Wind und setzte den Wellen Schaumkronen auf. Das Boot schwankte bedenklich, und die am Ufer Stehenden hantierten in fliegender Eile mit ihren Gebetsperlen. Doch Allah stand auf Seiten des Imam, der dann auch schließlich die Insel erreichte, wenn auch leicht aufgeweicht. Er zog das Boot auf den Strand und winkte den anderen am Festland zu. Dann horchte er und hörte tatsächlich ein »Hū Allah!« über die Insel schallen und immer wieder »Hū Allah! Hū Allah!«

Für einen Augenblick stand der Imam wie gebannt. Er erinnerte sich an das Geräusch des Windes in den Bäumen und an seinen geliebten Lehrer, der ihm gesagt hatte, das Hū sei der erste Laut im Universum gewesen, Träger aller Engel und Erzengel und der unerschöpflichen Möglichkeiten der Höheren Welten. Er lächelte, besann sich dann aber gleich wieder auf seine Mission. Die Gewänder raffend, daß sie nicht durch Sand und Schmutz verunreinigt würden, lief er in die Richtung, aus der die Gebete kamen.

Auf einer kleinen Lichtung im Wald sah er einen Mann, offenbar ein Derwisch, einer von jenen sonderbaren Menschen, die ihr Leben so ganz und gar an Allah hingegeben haben, daß von ihrem falschen Ich nichts mehr übrig ist. Andererseits, dachte der Imam, konnte dieser Mann auch einfach den Verstand verloren haben. Er würde in Gottes Namen helfen, so gut er es vermochte.

Er trat behutsam näher und setzte sich neben den Mann, dessen Augen geschlossen waren. Er räusperte sich mehrmals, erst leise, dann immer vernehmlicher. Da schaute der Derwisch sich um. Erschrocken, daß er den Imam nicht bemerkt hatte, sprang er auf und verbeugte sich tief. »Vergebt mir«, sagte er, »ich sprach gerade meine Gebete und hörte Euch nicht kommen. Es ist unverzeihlich. Ich bin beschämt.«

»Gräme dich nicht, mein Freund«, sagte der Imam. »Gott ist der Einzige Freund. Er wird helfen. Er trug mir auf, dich aufzusuchen, denn man hatte mir berichtet, du habest dein Leben so ganz und gar Gott geweiht, daß du die rechte Art zu beten vergessen hast.« Er lächelte freundlich und legte dem Derwisch den Arm um die Schulter. »Das kann jedem von uns widerfahren. Aber die Worte werden nun einmal Allah Hū, Allah Hū gesprochen und nicht Hū Allah.«

Zutiefst erleichtert, wischte der Imam sich eine Träne aus dem Auge. Allah hatte ihn geleitet, so daß er diese gute Tat vollbringen konnte. Nun würde alles wieder gut werden. Der Derwisch verbeugte sich abermals, und noch tiefer. »Oh, ich danke Euch«, sagte er. »Es ist wahr, daß ich schon lange hier bin. Ganz gewiß werde ich die Worte von nun an in der richtigen Reihenfolge sprechen. Ich bin Euch so dankbar. Und ich werde freitags wieder in die Moschee kommen.«

Damit sagte der Imam dem Derwisch Lebewohl und ging zum Boot zurück. Der Wind hatte ein wenig nachgelassen, doch das Boot schaukelte immer noch recht arg, und die am Ufer Wartenden beteten eifrigst für die wohlbehaltene Landung des Imam. Dieser war froh und zufrieden; der Tag hatte sich gelohnt. Die rauhe Überfahrt konnte ihm die Freude nicht verderben. Er summte ein Liedchen, das er als Kind gelernt hatte, als er zu seiner größten Verblüffung plötzlich den Derwisch über das Wasser auf sich zuschreiten sah. »Verzeiht, Imam«, sagte er, als er nah genug heran war. »Was hattet Ihr noch gleich gesagt? Ich habe vergessen...«

12

Reinkarnation und ewige Wiederkehr

Wenn wir uns bedingungslos verpflichten, wird uns alles gegeben, was für das Schauspiel des Lebens erforderlich ist. Der Mensch, der sich dem Leben verpflichtet, kann in dieser einen Lebensspanne Vollkommenheit finden. Andernfalls gibt es eine ganze Serie von Spielen innerhalb des Großen Spiels, und jedes ist vielleicht ein Übungsplatz für die bedingungslose und unwiderrufliche Verpflichtung, die zugleich endgültig Antwort und letzte Frage ist.

Viele meinen, ich neige dazu, aus heiligen Kühen Hamburgers zu machen, doch es geht mir keineswegs darum, irgendwem seinen Glauben zu zerstören. Ich möchte nur ein paar Fragen aufwerfen, denen man nachsinnen kann. Eine lebendige Schule bietet Fragen und Herausforderungen, nicht einfach bloß Antworten. Ein jeder muß selbst herausfinden, was für ihn das Wirkliche ist. Nur so sind wir Glieder in der Kette der Aufrichtigkeit.

In Gesprächen, bei denen es um den Sinn des Lebens geht, um die Frage, wer oder was wir nach diesem vergänglichen körperlichen Dasein sind und wohin wir gelangen, kommt die Sprache unweigerlich auf Reinkarnation. Antworten zu *geben*, empfiehlt sich nicht, denn keine gegebene Antwort ist auch nur annähernd so wertvoll wie eine gefundene. Aber wir haben natürlich das Recht, solche Fragen zu stellen, vielleicht sogar die Verpflichtung, denn nur so können wir dieser zweidimensionalen Welt der Antworten aus zweiter und dritter Hand entkommen.

Reinkarnation ist ein heikles Thema und ganz gewiß eine der heiligen Kühe dessen, was man heute den »spirituellen Pfad« nennt. Im Laufe der letzten fünfzig Jahre ist dieses Thema in Mode gekommen, und es scheint geradezu Experten zu geben, die aus erster Hand wissen, worum es dabei geht. Es wird als selbstverständlich vorausgesetzt, daß wir uns immer wieder inkarnieren und in jedem Leben ein wenig dazulernen, aber kaum jemand fragt sich einmal, *was* sich da eigentlich inkarniert und reinkarniert. Wenn ich die Leute mit dieser Frage konfrontiere, tritt für gewöhnlich ein etwas betretenes Schweigen ein. Es kommt auch vor, daß die Reaktionen eher gereizt ausfallen.

Man kann sehr leicht dieser hohlen uns selbstgefälligen Glorifizierung des Lebens verfallen, wenn zum Beispiel jemand auf einen zukommt und sagt: »Ich bin dir schon mal begegnet. Wir waren ein Liebespaar im alten Ägypten, aber du bist jung gestorben, und jetzt mußten wir uns wieder begegnen, um unsere Träume zur Erfüllung zu bringen...« Ehrlich, solcher Unsinn wird Tag für Tag geredet, und es steckt kaum mehr dahinter als Aberglaube und Sentimentalität.

Reinkarnation setzt eigentlich voraus, daß es irgendwo eine große Brutanstalt gibt für Wesen, die sich inkarnieren wollen. Schließlich wächst ja die Weltbevölkerung unaufhörlich. Ist etwas an uns, das Raum und Zeit überwinden und sogar Jahrhunderte überspringen kann? Und dieses Etwas, was tut es zwischen den Inkarnationen? Es heißt auch, daß wir uns mal in einem männlichen und mal in einem weiblichen Körper inkarnieren. Wer macht da die Buchführung? Es gibt so viele Erklärungen, und in der Regel widersprechen sie einander.

Wie gesagt, ich möchte den Menschen nicht ihre Visionen und Träume madig machen, aber wenn jemand an Reinkarnation glaubt, schadet es ihm bestimmt nicht, wenn er sich einmal fragt, wer oder was sich da reinkarniert. Ist es ein Teil unseres Seins? Ist es die Seele? Und wenn ja, was *ist* die Seele? Das Wörterbuch verzeichnet etliche Definitionen. Ich habe gelernt, die Seele sei »erkennende Substanz«. Was aber ist diese Substanz, und woraus besteht sie? Ist sie ein Element oder eine Verbindung von Elementen? Das sind doch ganz legitime Fragen.

Ich habe nicht die Absicht, das Individuelle zu leugnen. Das Individuum ist der Zeuge Gottes, wie es in einem Ausspruch des Propheten Muhammad (Friede und Segen) so wunderbar deutlich wird: »Ich war ein verborgener Schatz, der so gern erkannt sein wollte; also erschuf ich die Welt, daß ich erkannt werde.« Wie wäre das Spiel des Lebens treffender zu beschreiben! Wie keine zwei Fingerabdrücke gleich sind, so ist auch jedes Individuum ein einzigartiger Aspekt der Einheit. Die Einheit zu erkennen, ist jedem von uns auf seine ganz eigene Weise vergönnt, wenn er nur entschlossen genug nach der Wahrheit forscht.

Ich widerspreche auch nicht den Religionen, für die Reinkarnation ein Bestandteil ihrer Lehre ist. Die Reinkarnationslehre ist vor allem in den Religionen des Ostens verbreitet, und für manche Menschen ist sie vielleicht wirklich ein Weg in die Einheit. Wir aber leben im Westen und denken ganz anders. Man könnte sogar sagen, die Geometrie des westlichen Bewußtseins sei anders als die des östlichen. Wir müssen auch berücksichtigen, daß der Osten einen ganz anderen Zeitbegriff hat als der Westen. Im Osten wird das Leben als Prozeß der Entfaltung aufgefaßt. Wir im Westen mühen uns darum, alles zu verstehen – oder das, was wir nicht erklären können, mit Hilfe von ungenauen Kopien östlicher Ideen wegzuerklären. Wie die Sonne im Osten aufgeht, so stammt auch wahres Erkennen aus dem Osten. Doch es kehrt in den Westen zurück. Es kommt, anders gesagt, wieder in den Westen, wo es zwar auch ist, aber unter einem anderen Winkel der Sonnenstrahlen erscheint. Die Sonne streicht über das Angesicht der Erde hin, läßt hier das Wasser aufsteigen und dort niederregnen. Dieser Atem, gesättigt mit der Feuchtigkeit, welche die Weisheit von Äonen enthält, trägt das Wissen in einer für den Westen annehmbaren Form herüber. In den inneren Lehren heißt es, es werde ein Tag kommen, an dem Ost und West sich im Wissen um die Bruderschaft der Menschen und die Vaterschaft Gottes vereinigen werden; erst dann werde es wahres Verstehen geben, das wiederum dem Norden vermittelt werden kann. Wir können nicht darauf warten, daß dies von allein geschieht. Wir müssen uns auf diese große Vision zubewegen.

Ich sage nicht, daß es Reinkarnation nicht gibt. Was ich aber sage, ist dies: Es findet eine beständige Entfaltung statt, in der Einheit und aus der Einheit heraus, und das Eine All-Prinzip wiederholt sich für alle Ewigkeit auf Myriaden Arten. Das Ende der Zeit ist erreicht, wenn wir über die vierte Dimension hinausgelangt sind, während wir noch in diesem irdischen Körper leben. Wenn diese Wandlung wirklich alle Schichten erreicht hat, gibt es wohl kaum einen Grund, die alten Lektionen noch einmal durchzupauken. Es werden zwar weitere folgen, aber die liegen dann sicher mehr auf der Ebene des Gruppenbewußtseins. Einstweilen wissen wir um unsere Einzigartigkeit innerhalb der Einheit und wissen, daß es trotz dieser Einzigartigkeit kein Gefühl der Trennung geben muß. Wir denken uns nicht mehr in die Trennung hinein, denn diese Denkweise hat ihren Sinn für uns verloren. Das Leben gewinnt eine ganz neue Bedeutung, neu und frisch. Diese Welt der Illusion ist nun zur Bühne des eigentlichen Lebens geworden.

»Na gut«, sagt der Verstand. »Wir sind hier, also müssen wir wohl irgendwoher gekommen sein und werden irgendwohin gehen. Wir können schlecht nirgendwoher kommen und nirgendwohin gehen. Das kann unmöglich der göttliche Plan sein. Und wie kann ich mich an etwas erinnern, was in früheren Zeiten oder gar Epochen geschehen ist, wenn ich nicht tatsächlich dort gewesen bin?«

Solche Fragen stellt der Verstand. Er sucht vergleichende Erklärungen, denn das ist seine einzige Nahrung. Der Verstand kann sich seine eigene Existenz nicht anders als vom Ganzen gesondert denken. Das kleine Bewußtsein flüstert uns ein, an Reinkarnation zu glauben, denn es möchte nicht gern vom größeren Bewußtsein und schließlich vom Universalen Bewußtsein aufgesogen werden. Das kleine Bewußtsein sagt »Du« und »Ich«, aber niemals »DU«, als Anrede des Gottes in jedem von uns. Das kleine Bewußtsein lebt in der temporalen Zeit und möchte die Illusion von seiner gesonderten Existenz erhalten wissen. Daher wird dieses kleine Bewußtsein sich in gewissem Sinne reinkarnieren. Das kleine Bewußtsein sagt etwa, da sei etwas, das habe als französischer Adliger des frühen achtzehnten Jahrhunderts herrliche Zeiten erlebt, aber es sagt uns nicht, was es denn war, das dort als Adliger lebte.

Angenommen aber, daß es völlig unwichtig ist, woher wir kommen und wohin wir gehen, und daß es einzig und allein darauf ankommt, wirklich *hierher* zu gelangen, wo wir sind. Das nämlich ist die schwierigste Aufgabe, die einem Menschen überhaupt gestellt werden kann. Wie erreichen wir es? Liegt es nicht auf der Hand: Durch den Atem! Wir kommen mit dem Atem in diese Welt und wir verlassen sie mit dem Atem. Zwischen diesen Atemzügen liegt unsere kostbare Lebensspanne, und wo sonst als hier sollten wir zu wahrer Selbstverwirklichung kommen? »Erkenne dich selbst«, wird uns zugerufen. Durch den Atem finden die Wandlungen statt, die die Seele, jenes verborgene Wissen, aus den finsteren Tiefen der Verblendung befreien. Die Seele ist »Erkennende Substanz«. Ganz im Inneren weiß sie, doch wie die schlafende Prinzessin aller Märchen und Legenden muß sie erweckt werden, auf daß Gottes Weisheit auf der Erde Gestalt annehmen kann.

Was ist diese Substanz der Seele, die Flügel verleiht, mit denen man heimwärts fliegen kann? Vielleicht besteht sie aus ungezählten kleinen Geistern, die ihr Gefühl von Gesondertsein aufgegeben haben und im Busen der Einen Seele zu einer reinen, unverfälschten Seele verschmolzen sind. In den heiligen Schriften lesen wir, der Körper sei die Jungfrau Maria, und es gebe auch einen Jesus in uns; wenn unsere Sehnsucht aber nicht stark genug sei, werde Jesus über den geheimen Pfad dorthin zurückgehen, woher er kam. Hören wir dazu noch einmal Rumi:

Ich starb als Mineral, um Pflanze zu werden.
Ich starb als Pflanze, um Tier zu werden.
Ich starb als Tier, um Mensch zu werden.
Ich werde als Mensch sterben, um in Engelsgestalt aufzusteigen.
Weiter, weiter werde ich gehen.

Diese Welt ist ein Theater, und wir sind die Schauspieler. Wie oft hat man uns das schon gesagt! Gott erschuf das Stück, die Bühne, die Schauspieler.

Er erschuf einen übergreifenden Handlungsablauf und gab uns die ganze Schöpfungsgeschichte in einem Augenblick. Er sagte: »Kun« (Sei!), und das Stück begann. Aus dem einen Schauspiel entstanden viele, denn Er schaut sich gern an, was Er erschaffen hat, aber Er sieht Sein Stück nicht gern durch leere Wiederholungen entstellt. Beherrschen wir das Stück, dann möchte er, daß wir zu größeren und besseren Dingen voranschreiten. Er möchte, daß wir im Theater des Himmels auftreten. Diese Welt ist vergänglich, eine Welt der Erscheinungen. Es ist eine Welt des Leidens, denn der Rosenstock muß beschnitten werden, damit eine vollkommene Blüte entstehen kann und das Herz sich endlich öffnet.

Wenn der Atem in wirklicher Harmonie ist, wozu dann Reinkarnation? Tatsächlich sehen wir dann nur die ewige Wiederkehr des göttlichen Prinzips vor uns ausgebreitet, und jedes Ding, jedes Wesen hat seinen Part zu spielen. Wir sind in der Welt, aber nicht von der Welt. Wir sehen jetzt die zahllosen sichtbaren und unsichtbaren »Helfer«, die es in der Einheit gibt. Wir unterliegen nicht mehr dem Diktat der Zeit in dieser relativen Welt und sind nicht mehr durch Schwere gebunden, denn das Abenteuer, das wir Leben nennen, nimmt in alle Richtungen zugleich seinen Fortgang, und seine treibende Kraft ist der Atem Seines Erbarmens.

13
Die Schafe und die Böcke

Liebe – davon hängt die Zukunft der Welt ab

Alle großen Religionen sagen, daß das Universum für den Menschen gemacht ist und nicht anders herum. Gott schuf den Menschen ihm zum Bilde; was gäbe es also, das nicht im Menschen wäre? Die Erkundungsreise ins Innerste der Seele ist wahrlich ein Abenteuer und wie jedes echte Abenteuer reich an Schwierigkeiten und Gefahren. Unterwegs die Balance zu halten, ist notwendig. Und kein Zweifel, von dieser eigentlichen Lebensreise können wir bestenfalls einen Teil bewältigen, wenn wir nicht um den Atem wissen, den Atem des Lebens. Die Evolution des Organischen wird nie stillstehen, doch Bewußtseinsevolution setzt bewußte Menschen voraus, deren Atem die Welt bewegen kann.

Die Möglichkeit, wahrhaft zu begreifen, eröffnet sich gerade erst dadurch, daß wir alle Vorstellungen darüber, wer oder was wir seien, ablegen. Unser gewöhnliches Denken will alles in Beziehung zu uns selbst setzen, und damit vertiefen wir das Getrenntsein nur immer weiter. Es stimmt, daß jeder von uns ein einzigartiger Ausdruck des Einen ist, aber getrennt sind wir nicht. Alle Dinge und Wesen sind miteinander verbunden. Versuchen Sie einmal zu denken, ohne an sich selbst zu denken. Es gibt ein berühmtes Gebet, das mit den Worten beginnt: »Vater, nimm das ›Ich bin‹ fort, das zwischen Dir und mir steht.« Erst wenn die Illusion der Trennung verschwindet, atmen wir lebendig, atmen wir Leben und lassen uns bewußt ein auf diese wunderbare Welt. Wenn wir dieses Grundprinzip erfaßt haben, sind wir unterwegs in einen neuen Zyklus der Geschichte.

In ganz bestimmten Stadien der Geschichte werden uns glanzvolle Gelegenheiten geboten, sich der »wirklichen Welt« bewußt zu werden, das heißt einer Welt, die jeden Augenblick frisch und neu ist, kein zweiter Aufguß der halbvergessenen Träume von gestern. Leider geht mit diesen Gelegenheiten auch einiges an Tumult einher, manchmal Kriege, manchmal Naturkatastrophen, Hungersnöte und Krankheiten. So unerfreulich solche Erscheinungen sein können, gerade in solchen Zeiten bestehen die besten Möglichkeiten, die Evolution des Bewußtseins voranzubringen.

Unsere Zeit bietet uns dafür reichlich Anschauungsmaterial. Die Hungersnot hat unvorstellbare Ausmaße angenommen. Saurer Regen zerstört unsere Wälder und trägt zur Verschmutzung der Gewässer bei. Im Trinkwasser finden sich giftige Stoffe wie Blei und Quecksilber. Zahllose Tierarten sterben aus. AIDS, der »Schwarze Tod« unseres Jahrhunderts, überzieht die westliche Welt. Gewalttätigkeit und Aufruhr überall. Und zugleich erleben wir ungeheure technologische Veränderungen, mit denen wir kaum schritthalten können.

Es ist, als würden wir durch einen Trichter in eine vollkommen neue Art von Leben gepreßt, aus dem es kein Entkommen gibt. Kein schönes Bild, aber ein zutreffendes. Wir können nicht einfach an den Dingen vorbeisehen und hoffen, daß über Nacht alles wieder gut wird. Dazu ist die Entwicklung schon viel zu weit gediehen. Wenn wir überleben wollen, dann hilft jetzt nur noch wirkliche Veränderung; kosmetische Veränderungen genügen nicht mehr. Dazu müssen wir aber lernen, uns nicht mit der Lage zu identifizieren und nicht den Kopf zu verlieren, wenn es hart auf hart kommt. Es wird lebenswichtig sein, uns klarzumachen, daß wir die Situation – ohne Furcht – so sehen müssen, wie sie ist.

Ich erinnere mich noch an meine Lehrzeit bei den Druiden. Der Erzdruide war damals ein alter homöopathischer Arzt aus Schottland, ein wunderbarer Mann, der es verstand, uns so zu schockieren, daß wir im gegenwärtigen Augenblick blieben. Einmal sagte er zu mir, ich würde in meinem Leben noch dramatische Veränderungen erleben; die biblische Prophezeihung von der Trennung der Schafe und Böcke würde sich vor meinen Augen erfüllen. Erläuternd fügte er hinzu, es werde auf eine Einteilung der Menschen in zwei Typen hinauslaufen. Wer aus irgendeinem Grund nicht mit den notwendigen Veränderungen schritthalten könne, werde zurückbleiben. Er sagte damals sogar voraus, es werde verheerende Krankheiten und Hungersnöte geben. Mir gefiel das gar nicht. Ich war sehr jung, der Zweite Weltkrieg noch nicht lange vorbei, und wir freuten uns alle auf eine neue Welt voller Hoffnung, in der Brüderlichkeit und Mitmenschlichkeit obsiegen würden.

Das ist noch nicht gar so lange her, und wenn wir ehrlich sind, dann hat die Unterteilung der Menschen schon begonnen. Der Erzdruide hatte mit seinen Worten sagen wollen, daß es Menschen gibt, die erkennen wollen, und solche, die nicht erkennen wollen, weil sie den notwendigen Veränderungen in sich selbst und in der Welt nicht gewachsen sind. Es gibt eine dritte Gruppe, Menschen, die noch schlafen, aber ein großes Potential mitbringen; sie werden erkennen *müssen*, wenn die Erde eine Zukunft haben soll.

Es ist nicht leicht, den anstehenden Veränderungen ohne Furcht entgegenzublicken. Vielleicht werden wir uns immer ein wenig fürchten, denn schließlich sind wir ja Menschen, doch wenn wir uns für den Atem öffnen, verändert sich auch unsere innere Haltung, und das allein ist schon ein großer Schritt in die richtige Richtung.

Wer seinen Atem wahrhaft beherrscht, der geht nicht nur »auf Luft«, sondern ist auch auf der Höhe der Zeit in der relativen Welt. Er wird nicht mehr von der relativen Zeit mitgeschleift, sondern Zeit, in ihrem Ewigkeitsaspekt, zieht durch ihn hindurch wie die Luft und wird dabei so transformiert, daß sie der Welt eine Hilfe ist. Zeit gewinnt einen ganz anderen Sinn und der Mensch eine ganz andere psychische Verfassung. Sein Verhalten ändert sich, und sein Bewußtsein gewinnt ganz neue Einsichten. Wenn wir auf der Höhe des Atems sind und sich in den Gezeiten des Atems die göttliche Ordnung spiegelt, dann erst sind wir wahrhaft Menschen, die nicht mehr ihren animalischen Leidenschaften unterliegen. Die sind dann auch gewandelt, zu Freunden geworden, die für uns arbeiten anstatt, wie bisher, wir für sie. Und hier greifen schließlich die Bewußtseinsevolution und die organische Evolution ineinander.

14
Bestimmung

Hören ist mehr als Lauschen. Zuerst lauschst du;
dann hörst du.

Nach all den Herausforderungen und Anstößen der vorange-
gangenen Kapitel möchte ich dem Leser nun einige Leitlinien für
den »Pfad der Wahrheit« geben. Ich habe mehrfach die Aus-
drücke Sufi oder Sufi-Tradition gebraucht. Auch die Schönheit,
die in dieser Tradition liegt, kann zu Form erstarren, und dann
muß auch diese Form abgeschlagen werden, damit man das Wesen sehen und erkennen kann. Es gibt zahllose Bücher über den
Sufismus, und auch die Erzählungen von Sufi-Meistern und
Derwisch-Bruderschaften könnten hier kaum alle genannt werden. So viele Suchende haben Bücher über den Weg der Wahrheit
gelesen und sind selbst ausgezogen. Wenn es uns bestimmt ist,
diesen Menschen zu begegnen, wird es geschehen, dessen bin ich
gewiß.

Meine Pilgerschaft, die ich in meinen ersten beiden Büchern
(*Ich ging den Weg des Derwisch* und *Das Siegel des Derwisch*)
beschrieb, hat viele auf den Weg durch die Türkei geführt, den
ich genommen hatte, die Städte und die alten Heiligtümer. Nicht
jeder hat die Menschen gefunden, von denen ich erzählte, obgleich meine Hinweise, wie sie zu finden seien, ziemlich deutlich
waren. Der Buchhändler in Istanbul war in Wirklichkeit ein berühmter Scheich einer der Derwisch-Bruderschaften, und diejeni-
gen, die ihn fanden, wurden mit außerordentlicher Gast-
freundlichkeit aufgenommen. Seinen Namen erwähnte ich
nicht, denn ich wußte: Wenn es richtig war, dann würden sie ihn
ebenso finden wie den Scheich der Mevlevi-Bruderschaft in Ko-
nya. Mein eigener Lehrer, den ich Hamid nannte, wollte lieber
im Hintergrund bleiben, und so nannte ich weder seinen richtigen Namen noch seinen Aufenthaltsort. Von einigen wurde er
dann doch aufgespürt, doch das war schwierig und erforderte

viel Geduld und Beharrlichkeit. Schließlich konnte man aus meinen Büchern, die hauptsächlich in der Türkei und Mexiko spielten, kaum ersehen, daß er irgendwo in der Wildnis Schottlands lebte!

Wie ich schon sagte: *Kismet* (Bestimmung) ist das, was uns leitet; man könnte sogar sagen, die ganze Wegkarte unseres Lebens sei in diesem Buch schon fertig verzeichnet. Das heißt aber noch nicht, daß wir dieses Buch finden oder gar aufschlagen und lesen werden. Gelingt es uns aber, dann liegen die Zeichen und Wegweiser plötzlich offen vor uns da. Wir finden Hinweise, die uns leiten, und Regeln, die uns helfen und schützen. Doch dieses Buch, das unsere Bestimmung verzeichnet, enthebt uns nicht der Pflicht, durch eigenes Bemühen voranzuschreiten. Und in der Tat ist viel Mühe und Wachheit erforderlich, um in dieser Welt der Attraktionen nicht die Richtung zu verlieren. Und doch ist es oft ja gerade das Angezogensein, was uns überhaupt erst in Bewegung bringt; aber was uns dann auf dem Weg und in der Richtung hält, ist der Atem.

Bei all den Alternativen, die heute im Namen der Wahrheit geboten werden, kann man niemandem verdenken, wenn er nicht mehr weiß, was nun Bestimmung und was einfach Schicksal ist. Ich versuche den Menschen immer nahezulegen, sich aus Achtung vor ihrer eigenen Integrität und ihrem eigenen so kostbaren Leben in bewußter Unterscheidungskraft zu üben. Um uns auf dem Weg zu halten, bekommen wir manchmal seltsame und schwierige Aufgaben gestellt. Aber es heißt auch: Wenn wir einen Schritt auf Gott zu tun, wird er zehn Schritte auf uns zu tun.

Einmal war ich eingeladen, in Kalifornien zu einer Gruppe von Menschen zu sprechen, die fast alle mit meinen Büchern vertraut waren. Zu Beginn der Mittagspause bildete sich um mich die übliche Menschentraube, und es wurden die Fragen gestellt, die eigentlich *coram publico* hätten gestellt werden sollen. Es gab keinen Hinterausgang, und ich stand buchstäblich mit dem Rücken zur Wand einer Schar Intellektueller gegenüber, die grimmig entschlossen schienen, noch an diesem Tage alle Antworten in der Tasche zu haben und mich zur Verantwortung zu ziehen, wenn sie nicht jetzt gleich tiefe Erleuchtung fänden.

Einer von ihnen trug einen schwarzen Rauschebart und hätte auch ein Rabbi oder ein griechisch-orthodoxer Priester sein können. Tatsächlich war er aber Dozent der Psychologie. Sein besonderes Interessengebiet war das Heilen in all seinen Spielarten, und meine Bücher müssen ihm wohl den Eindruck gegeben haben: Das ist der Mann! Trotz seiner besitzergreifenden und überschwenglichen Art hatte ich das Gefühl, daß er in Ordnung sei, und so verabredete ich mich mit ihm für den Abend.

Ein Lehrer darf einen Neuling, der den Weg sucht, niemals demütigen oder beunruhigen. Zugleich muß er sehen können, was einen bestimmten Menschen in die richtige Richtung lenken könnte. Ich sah, daß dieser Mann über ein beträchtliches, noch schlummerndes Potential verfügte, sich aber ganz und gar dem Thema Heilen verschrieben hatte. Leider Gottes kann schon dieses Wort allein eine Art Weiche in einer Eisenbahnschiene sein, die nur auf ein Abstellgleis führt. Jedenfalls bot sich hier eine Gelegenheit, die ich nicht ungenutzt vorübergehen lassen konnte.

»Haben Sie finanzielle Rücklagen?« fragte ich zur Eröffnung. Man sah ihm zwar ohne weiteres an, daß er wohlhabend war, aber es kam auf seine Ehrlichkeit in diesem Punkt an. Er räumte ein, daß er nicht zu klagen habe, und so fragte ich weiter, ob er sich für einige Monate von seinen Lehrverpflichtungen freimachen könne. Er sagte, das sei nicht nur möglich, sondern, falls ich ihm Kontakte vermitteln könne, auch wünschenswert, da er gerade an einer Arbeit über die verschiedenen Arten des Heilens in der Welt schreibe.

Wir saßen auf der Terrasse eines kleinen Restaurants in Berkeley. Es war eine solche Dichte zwischen uns, daß die Leute herzuschauen begannen. Ich sprach leise, aber nicht verdächtig leise. Was ich ihm zu unterbreiten hatte, klang doch ein wenig nach einem spirituellen Spionagethriller.

»Sie müssen Spanisch lernen«, sagte ich. »Ich möchte sie nämlich zu einem ganz hervorragenden Heiler schicken, der vor allem mit Kräutern arbeitet. Er spricht kein Wort Englisch. Sie müssen nicht unbedingt fließend Spanisch können, aber es ist ein Gebot der Achtung ihm gegenüber, daß Sie formulieren können, was Sie von ihm wollen. Bestimmt sind auch Leute da, die übersetzen können.«

»Wann kann's denn losgehen?« fragte er, schon ganz aufgeregt und ungeduldig.

»Langsam«, erwiderte ich. »Das ist ja erst der Anfang der Reise. Zunächst: Sprechen Sie mit niemandem über diese Dinge. Behalten Sie alles für sich, sonst will vielleicht noch irgendwer mitkommen, der alles verdirbt.

Fahren Sie zuerst nach Tepotzlan«, fuhr ich fort und schrieb ihm eine Adresse auf, unter der ich eine kleine Kartenskizze zeichnete.

Dann sagte ich, daß dort in der Gegend noch eine kleine Gruppe von Schülern lebte, die ihm helfen würden. »Man wird Sie gern aufnehmen, aber ich habe dieser Studiengruppe geraten, sich möglichst still zu halten und nicht aufzufallen. Die Heiler und Zauberer der Gegend halten wenig von Gringos und Touristen, die wenig oder keinen Respekt für die Menschen und ihre uralten Traditionen aufbringen.«

Unser Freund legte umfangreiche Notizen an, während ich mit meinen Anweisungen fortfuhr. Ein guter Tag. Ich spürte, daß die Sache für ihn gut laufen würde.

»Wenn Sie meine Freunde kennengelernt haben und mit den verschiedenen Schwingungen dieses Ortes vertraut geworden sind, müssen Sie als nächstes nach Oaxaca. Da fährt ein Bus hin, und Sie wissen ja sicher ohnehin, daß man am besten mit kleinem Gepäck reist. Nur das Notwendigste an Kleidung, dafür aber genügend Wasserentkeimungstabletten und vielleicht ein bißchen Schlangenserum. Man weiß nie, was da auf einen zukommt.

In Oaxaca lebt ein Schamane, ein Kräuterexperte. Er hat bei einem Meister gelernt. Das Wissen ist von Generation zu Generation weitergereicht worden. Könnte sein, daß Sie dort etwas lernen, was Sie hier in den Staaten gebrauchen können. Es werden neun Schüler bei ihm sein, und ich glaube, zwei davon sind sogar aus den Staaten.«

Sein Notizbuch füllte sich. Es dämmerte, und die Kellner zündeten auf den Tischen Kerzen an. »Bleiben Sie nicht zu lange bei ihm«, sagte ich. »Sie werden schnell herausfinden, was brauchbar ist, und natürlich können Sie später auch immer wieder hinfahren. Die Heilkünste sind einfach eine der vielen Gaben Gottes, aber wahres Erkennen ist der Anker der Liebe. Sie sind doch auf wahre Erkenntnis aus, nicht wahr?«

»Aber ganz gewiß«, sagte er.

»Wenn Sie soviel gelernt haben, wie Sie können, müssen Sie zum Titicacaseee, und zwar auf die bolivianische Seite.« Ich erklärte, dort liege hoch oben in den Bergen ein Kloster, das als Zentrum der Großen Weißen Bruderschaft diene, einer esoterischen Gesellschaft, die mindestens seit dem sechzehnten Jahrhundert existiere. Das Wissen dieser Schule wird von jeher mündlich überliefert.

»Man wird Sie auch dort aufnehmen«, sagte ich, »aber erst, wenn die Leute dort ganz sicher sind, daß Ihr Anliegen echt und rein ist und Sie nichts anderes wollen und brauchen als die Erkenntnis der ewigen Wahrheit. Sie müssen gut vorbereitet sein, wenn Sie dorthin gehen; vor allem, üben Sie die Atemmethode, mit der ich Sie heute vertraut gemacht habe. Behalten Sie den Rhythmus auf der ganzen Reise bei jedem Schritt bei. Atmen Sie so beim Gehen; atmen Sie so beim Sprechen. Das ist durchaus möglich. Atmen Sie in dem Rhytmus, wenn Sie sich abends schlafen legen. Atmen Sie bewußt, wenn Sie aufwachen. Vergessen Sie nie: Atem *ist* Leben. Lassen Sie keinen Augenblick nach in der Wachsamkeit, dann wird man Sie empfangen.«

Wir tranken ein Glas Wein, und die ersten Gäste kamen zum Abendessen. Die Sterne leuchteten, und ein Zauber lag in der Luft. Wir verabschiedeten uns, und ich bat ihn, mir nach seiner Rückkehr zu schreiben.

Erst viele Monate später hörte ich wieder von ihm. Ja, er war nach Tepotzlan gefahren. Dort hatte er meine Freunde getroffen, fleißig Spanisch gelernt, um dann nach Oaxaca zu fahren, wo er den Kräuterheiler mit seinen neun Schülern fand. Mit einer starken und reinen Intention ist es nicht schwierig, solch einen Menschen zu finden. Zwei der Schüler waren aus den

USA, und er lernte in der Tat einiges, was er gut gebrauchen konnte. Er sah nun deutlich, daß er sich nichts so sehr wünschte wie wahre Erkenntnis, und setzte seine Reise fort. Viele Flüge, Bus- und Bahnfahrten später fand er das Kloster in Bolivien – wie ich gesagt hatte.

Die Sache ist nur die, daß ich nie in Oaxaca gewesen bin und dort auch keinen Kräuterschamanen kenne, ganz zu schweigen von seinen beiden amerikanischen Schülern. Ich war nie weiter südlich als Tepotzlan gewesen, und den Titicacasee kannte ich infolgedessen auch nicht.

Wie geht das zu? Wie konnte ich von diesen Menschen und Orten wissen, die ich nie gesehen hatte? Es gibt natürlich Dutzende von möglichen Erklärungen, angefangen bei Reinkarnation und der Annahme, daß ich in einem früheren Leben doch dort gewesen sei, bis hin zu der Vermutung, daß ich in Gegenwart dieses Mannes hellsichtig gewesen sei. Es gibt ja tatsächlich Menschen mit solchen Begabungen, aber es könnte andere Erklärungen für die Geschichte geben, die dem westlichen Bewußtsein eher einleuchten.

Es ist tatsächlich möglich, mit Hilfe des Atems, der ja nicht den Beschränkungen von Raum und Zeit unterliegt, einen inneren Sinn zu entwickeln, so daß wir etwas in der Welt, das uns angeht, sehen und erfahren können. Das hat viel damit zu tun, ob wir solche Dinge grundsätzlich für möglich halten oder nicht. Gott ist der einzige wirkliche Führer. Wäre dieser Mann nicht aufrichtig gewesen und darauf ausgerichtet, das zu finden, was schon da war, so hätte er es nicht gefunden, auch nicht wenn er gewußt hätte, daß es existiert. Jede Unaufrichtigkeit, zum Beispiel der Gedanke an persönliche Bereicherung, hätte ihn in die Irre geführt. Und ohne Beharrlichkeit wäre er ebenfalls gescheitert. Tatsächlich aber gab er sich in die Hände seiner Bestimmung und wurde den ganzen Weg geführt.

Die Sache klappte, weil unser Freund vermutlich gerade diese Erfahrung brauchte, um seine Suche nach der Wahrheit mit dem nötigen Vertrauen geradlinig fortsetzen zu können. Die Reise selbst war gar nicht so sehr wichtig. Seine Fähigkeit, sich rückhaltlos anzuvertrauen, wurde hier auf die Probe gestellt, und darauf kam es eigentlich an. Ich nehme an, daß es nach solch einer Erfahrung nicht ganz leicht ist, in die von Vorurteilen geprägte intellektuelle Welt des Wissenschaftsbetriebes zurückzukehren. Ich hoffe, daß dieser Mensch wirklich auf den Weg in seine spirituelle Heimat gefunden hat.

15

Eine andere Sinnlichkeit

In uns haben wir einen Gürtel, der uns vor zuviel
Licht (Erkenntnis) auf einmal schützt. Im Laufe des
Wandlungsprozesses schmilzt dieser Schutz nach und nach ab.
Und dann sehen wir, daß diese Strahlung, die anfangs
schädlich war, nützlich werden kann.

Die Möglichkeiten des Menschen sind unbegrenzt. In den letzten fünfzig Jahren hat sich ein Quantensprung der Evolution vollzogen, und viele Menschen kommen mit den Veränderungen einfach nicht zurecht. Sie können sich psychisch und spirituell nicht auf die Schnelligkeit des Wandels einstellen. Sie können nicht aufnehmen und verdauen, was ihnen von Nutzen wäre. Ohne das richtige Wissen und die notwendigen Instrumente können bestimmte Arten von Energie für uns immer gefährlicher werden. Der Zusammenbruch des Immunsystems, wie wir ihn bei AIDS sehen, ist nur ein Beispiel dafür. Und weltweit beobachten wir einen ganz ähnlichen Zusammenbruch der Ordnung. Wenn wir in unserer Beziehung zu unserem Planeten nicht das Prinzip der Gegenseitigkeit zur Geltung bringen, so könnte es sogar sein, daß der vorzeitige Tod in den nächsten zwanzig Jahren immer mehr die Regel wird. Eine erschreckende Aussicht, aber vielleicht auch eine sehr schöpferische Herausforderung.

Wir haben schon so oft gehört, daß der Mensch hauptsächlich schläft, daß er nicht wach ist für sein wahres Wesen. Mit seinen fünf Sinnen kann er in normalen Zeiten die Probleme des Lebens bewältigen. Er kommt zurecht – aber nur so lange, bis eine Krise eintritt, vor der die fünf Sinne versagen. Dann ist er ratlos, weiß sich nicht zu helfen, wird aus der Bahn geworfen.

Kein Zweifel, wir leben gerade in solch einer Zeit. Wir klammern uns verbissen an die Vergangenheit, bringen es vor lauter

Angst nicht fertig, überholte politische und gesellschaftliche Gepflogenheiten abzulegen, sind nicht in der Lage, den großen wunderbaren Schritt ins Unbekannte zu tun. Die Zeit arbeitet jetzt nicht mehr für uns. Für alle, die nur in ihren Sinnen und für die Sinne leben, wird sie sehr knapp.

Was ist zu tun? Die Astrologen werden überrannt von Menschen, die Rat suchen. Wahrsager ziehen Muster in den Sand der Zeit und sehen entweder Untergang oder das Gegenteil voraus. Immer mehr Menschen verlassen sich auf Berater aller Art, wo es doch gerade jetzt so wichtig wäre, daß der einzelne seine Verantwortung wieder selbst übernimmt und trägt.

Ich werde nie müde zu sagen, daß alles, was wir lernen, im Alltag brauchbar sein sollte. Die Übungen, die ich lehre, sollen uns nicht in irgendwelche höheren Bewußtseinszustände versetzen, Notunterkünfte zwischen Denken und wahrem Sein. Das Leben selbst ist die eigentliche Schule, und das Leben will uns *hier* haben. Wenn wir endlich hier ankommen, entdecken wir, daß es keinen anderen Ort gibt. Und wenn wir wahrhaft hier sind, dann erst haben wir eine Basis, von der aus wir unser Bewußtsein erweitern können. Von diesem dünnen Bewußtseinsfaden aus, der uns in diesem unterentwickelten Zustand zur Verfügung steht, nach den Sternen greifen zu wollen, ist fürwahr töricht und kann in den Wahnsinn, wenn nicht gar zum Tod führen – und nicht zum Tod des eingebildeten Ego, sondern zum Tod der Möglichkeiten.

Hier kommen wir abermals auf die Natur des Atems zurück. Je wacher wir für den Atem und all seine staunenswerte Schönheit werden, desto mehr Sinn für Ausgewogenheit gewinnen wir und desto besser bleiben wir in der Erde verwurzelt, während wir zugleich zu ungeahnten Höhen der Verwirklichung aufsteigen können, ohne unsere Wohnung zu verlassen. Ohne das Wissen um den Atem bleiben alle Übungen, die wir je machen können, Gymnastik. Wir können mit jemandem zusammen atmen. Wir können in einer Gruppe Gleichgesinnter atmen. Wir können für jemanden atmen, der in Not ist oder stirbt, um ihm Vertrauen zu vermitteln. Letztlich aber bleibt die Verantwortung für das bewußte Atmen bei jedem einzelnen selbst. Wir, als Individuen, sind aufgerufen, uns auf den göttlichen Rhythmus und die göttliche Harmonie einzustimmen, von denen das Universum erfüllt ist.

Ich glaube, daß der erste Schritt zu einem Leben auf einer höheren Ebene darin besteht, die fünf Sinne zu unseren Freunden zu machen. Meistens sind wir eher von unseren Sinnen beherrscht, als daß wir bewußt mit ihnen umgingen. Wir können sie jedoch auch zu »Wachhunden« ausbilden, die uns im Alltag beschützen. Das muß sehr behutsam geschehen. Manche Menschen haben von Natur aus hochentwickelte Sinne, oder bestimmte Sinne sind von besonderer Aufnahmefähigkeit. Der eine hat beispielsweise einen besonders empfindlichen Geruchssinn, während der andere Laute wahrnimmt, die sonst niemand hört. Der Tastsinn eines Blinden ist besonders gut entwickelt, weil er ihm die Augen ersetzen muß. Im allgemeinen sind uns die Sinne allzu selbstverständlich. Tatsächlich sind sie unsere Freunde und reagieren auf die richtige Zuwendung und Wertschätzung wie Haustiere.

Experimentieren Sie ruhig einmal. Nehmen Sie sich für jeden der fünf Sinne einen Tag. Machen Sie sich klar, daß es das erste Mal ist, daß Sie bewußt *den ganzen Tag* mit einem Ihrer Sinne umgehen. Es ist nicht schwierig und sehr lohnend. Wenn Sie erst Übung haben, werden Sie das Leben viel farbiger und interessanter finden.

Angenommen, Sie fangen mit dem Berührungs- oder Tastsinn an. Nehmen Sie sich dies ganz bewußt am Vorabend des Tast-Tages vor. Es geht darum, mit diesem Tastsinn in Kommunikation zu treten und ihn wissen zu lassen, daß Sie ihn schätzen und brauchen.

Nun suchen Sie sich irgendeinen kleinen Gegenstand, den Sie den ganzen nächsten Tag bei sich tragen können. Es könnte zum Beispiel ein Lieblingsstein oder ein kleiner Kristall sein. In der viktorianischen Zeit nannte man solche kleinen Gegenstände »feelies«. Diese Handschmeichler waren normalerweise aus Holz und gerade so groß, daß sie gut in der Hand lagen – einfach nette, vertraute Dinge, die man mit sich herumtrug, betastete, in der Hand drehte, liebte.

Es dauert nicht sehr lange, bis die Hände sensibler werden; sie reagieren auf die aufmerksam wahrgenommene Berührung, und der Gegenstand gewinnt allmählich eine ganz eigene, besondere Qualität. Im Laufe der Zeit wird man eine ganze Schüssel mit solchen »behandelten« Gegenständen füllen können. Gäste werden davon unwiderstehlich angezogen, weil die Dinge mit Energie aufgeladen sind.

Die Hände sind Verlängerungen des Herzens, und wenn wir in der rechten Haltung und im Bewußtsein des Atems mit ihnen umgehen, teilt sich ihnen etwas mit, und sie werden wirklich zu besonderen Dingen.

Suchen Sie sich also am Abend vor dem Experiment Ihren Gegenstand, und legen Sie ihn so hin, daß Sie ihn am Morgen gleich finden. Setzen Sie sich nach dem Aufwachen ein paar Minuten hin, um ihn zu erkunden. Wenden Sie ihn in der Hand, betasten Sie seine Konturen. Lassen Sie die Finger, da sie alle verschieden sind, nacheinander über den Gegenstand gleiten, dann alle zusammen und schließlich die ganze Hand. Bleiben Sie möglichst im Atemrhythmus, und nehmen Sie auch Ihre Umgebung wahr.

Der Atem ist zwar keiner unserer fünf Sinne, aber durch den Atem erhalten die Sinne die richtige Nahrung, so daß sie uns dann nicht mehr beherrschen, sondern mit und für uns arbeiten auf dieser Reise, die wir Leben nennen. Um die Sinne trainieren zu können, ist es von ganz entscheidender Bedeutung, sich nicht mit ihnen zu identifizieren. Wenn das geschieht, ist das Experiment vollkommen mißlungen. Die Sinne sind unsere Freunde und wollen uns helfen.

Sind Sie mit Ihrem Gegenstand vertraut geworden, so stecken Sie ihn in die Tasche, wissend, daß Sie jederzeit wieder nach ihm tasten können, wenn Sie beispielsweise im Bus sitzen und zur Arbeit fahren. Sie können ihn auch in der Hand tragen, wenn Sie zu Fuß gehen. Und am Arbeitsplatz können Sie ihn in die Hand nehmen, so oft sich eine Gelegenheit bietet. Achten Sie auf den Atem, atmen Sie im Rhythmus, und machen Sie den Tastsinn zu ihrem Freund!

Mit den übrigen Sinnen ist es ähnlich. Für den folgenden Tag könnten Sie sich zum Beispiel den Geschmackssinn vornehmen.

Kosten Sie die Unterschiede in allem, was Sie essen und trinken. Ein Salat mag aussehen wie der andere, aber vielleicht schmekken sie doch nicht gleich, denn sie könnten auf verschiedenen Böden gewachsen sein. Champagner heißt so, weil er aus einer bestimmten Gegend Frankreichs stammt, der Champagne. Sekt kann man natürlich überall herstellen, sogar nach der Champagner-Methode, aber Sekt, der nicht aus der Champagne kommt, kann niemals Champagner sein. Hier wurzeln die Weinstöcke tief in einer Erde, deren Beschaffenheit nirgendwo sonst auf der Erde anzutreffen ist.

Wenn Sie Ihren Geschmackssinn entwickeln wollen, dann schauen Sie mal einem Weinprüfer zu. Er läßt den Wein regelrecht über die Zunge rollen, kaut ihn geradezu, und aktiviert so seine Geschmacksknospen. Und je mehr er seinen Geschmackssinn verfeinert, desto höher steigt er auf in seinem Beruf. Er macht den Geschmackssinn zu seinem Freund und Verbündeten.

Unser Geruchssinn ist eigentlich ständig in Aktion, und man kann sich kaum vorstellen, wie man ihn noch entwickeln soll. Aber gerade heute verstehen wir die Bedeutung dieses Sinnes immer besser. Es gibt sogar schon eine »Aroma-Therapie«, weil man entdeckt hat, daß bestimmte Düfte wohltuend und heilsam wirken können; sie können sogar weit zurückliegende Erinnerungen aus dem Unterbewußtsein zurückholen.

Wir atmen automatisch, wenn wir etwas riechen wollen, aber versuchen Sie einmal zu riechen, während Sie sich des Atems bewußt sind. Augenblicklich reagiert der Geruchssinn auf diese Bewußtheit und wird empfindlicher. Also noch einmal: Wir schulen diesen Sinn und nehmen ihn nicht einfach als selbstverständlich. Die Sinne können sogar unser Leben retten, wenn wir nur wach genug sind. Es kämen gewiß weniger Lebensmittelvergiftungen vor, wenn schon die Leute, die die Nahrungsmittel zubereiten und verpacken, einen Sinn für verdorbene Speisen hätten. Wir könnten im Supermarkt unsere Sinne ausschicken, um uns ein Bild vom Zustand der Waren zu machen. Mit ein wenig Aufwand der rechten Art könnten wir der Welt helfen aufzuwachen.

Um den Gesichts- und Gehörssinn zu entwickeln, müssen wir wiederum unseres Atems bewußt sein. Versuchen Sie, *durch* Ihre Augen und Ohren zu schauen und zu hören, nicht aus oder mit ihnen. Es sind die Augen, durch die Gott sieht, und die Ohren, durch die Gott hört. Könnten wir einen ganzen Tag lang nur *durch* unsere Augen schauen, so würde sich uns eine ganz neue Welt auftun, eine Welt ungezählter Dimensionen, die uns bisher entgangen ist. Sie muß uns erst wieder in Erinnerung gebracht werden. So ist es auch mit dem Hören. Ohne zu lauschen, werden wir nicht in der Lage sein, den heiligen Laut *Hū* zu hören, den ersten manifesten Laut des Universums.

Wenn Sie sich in dieser Weise fünf Tage lang mit jeweils einem Ihrer Sinne beschäftigt haben, dann üben Sie den Gebrauch von zwei oder mehr Sinnen gleichzeitig. Setzen Sie diese Bemühungen kontinuierlich fort, bis eines Tages alle Sinne mühelos zusammenwirken. Es ist keine besonders anspruchsvolle Übung, aber es würde gewiß manches anders aussehen in der Welt, wenn schon die Kinder wüßten, wie man sich die Sinne zu Freunden macht.

16

Wie oben, so auch unten

Eine vollkommene Rose erblüht erst dann,
wenn die Zeit reif ist.

Es gibt heute so viele Bücher über esoterische Themen und die Weisheitslehren aller Kulturen, daß immer mehr Menschen von den *Chakren*, den unsichtbaren feinstofflichen Energiezentren des Körpers, zumindest schon einmal gehört haben. Die wörtliche Übersetzung des Sanskrit-Begriffs *Chakra* lautet »Rad«. Im Osten ist die »feinstoffliche Anatomie« des Menschen, zu der die Chakren gehören, seit Jahrtausenden bekannt. Auch die mystische Tradition des Westens wußte darum, aber dieses Wissen wurde in Symbole gekleidet, die nur den Eingeweihten verständlich waren. Die große Mehrheit der Menschen wußte nichts von diesen Dingen, dem heiligen und geheimen Besitz der Priesterschaft.

Sich mit den Chakren wirklich vertraut zu machen, ist ein zu großes Unterfangen, als daß wir es im Rahmen dieses Buches anstreben könnten. Ich erwähne sie hier nur, weil wir uns die feinstoffliche Anatomie des Menschen zumindest anhand von Symbolen vergegenwärtigen müssen, wenn es um die Natur des Atems geht. Wer sein Wissen vertiefen möchte, dem steht heute eine schier unerschöpfliche Fülle von Material zur Verfügung.

Ich »sah« oder spürte das Vorhandensein der sieben Hauptzentren feinstofflicher Energie, als ich noch sehr jung war. Mit fünf Jahren erlernte ich die Grundzüge des bewußten Atmens, und ich glaube, dadurch wurden innere Kanäle in mir geöffnet und meine Sensibilität für diese Dinge geweckt. Für ein Kind sind solche Erfahrungen vollkommen natürlich, aber es ist auch eine sehr einsame Bewußtseinswelt. Wenn es auch archetypische und gewissermaßen »allgemein anerkannte« Bilder der unsichtbaren Welten gibt – Engel, Feen, Zwerge und dergleichen –, so trägt das, was wir dort sehen, doch immer persönliche Züge;

und wenn ich den Erwachsenen schilderte, was ich dort sah, so belächelten sie es nur als die »lebhafte Phantasie« eines Kindes.

Da ich natürlich noch nichts von Chakren wußte, nahm ich sie auch nicht symbolisch wahr. Im Osten werden sie häufig als Lotosblüten mit verschieden vielen Blütenblättern dargestellt. Für mich sahen sie damals eher wie die Quallen aus, die ich in den Ferien am Meer gesehen hatte. Ich empfand sie als Energiewirbel, ständig in Bewegung. Es war, als nähmen sie Energie einer bestimmten Art auf, um sie dann, leicht verändert, in bestimmte Richtungen wieder auszusenden – so wie eine Qualle sich fortbewegt, indem sie Wasser aufnimmt, die verdaulichen Kleinstlebewesen herausfiltert und dann das Wasser wieder ausstößt. Ich sah diese feinstofflichen Zentren, alle miteinander verbunden und doch jedes auf seiner ganz eigenen Schwingungs- und Energie-Ebene tätig.

Der Mensch ist ein hochkomplizierter »Transformator« feinstofflicher Energie; er nimmt Energien aus höheren Quellen auf und macht sie auf der Erde verfügbar. Viele dieser höheren Energien wären für unseren gewöhnlichen Seinszustand zu stark; deshalb wirken die Chakren als natürliche Filter, die uns schützen und uns zugleich die Energien zugänglich machen, die für ein ausgewogenes Wechselspiel zwischen dem Planeten und seinen Bewohnern nötig sind. Die Chakren nehmen auch die ätherischen Entsprechungen des Mineralien- und Pflanzenreichs auf, und so kommt es, daß unser ganzes Sein von Farbe durchstrahlt ist. Ein allumfassender alchemistischer Prozeß läuft hier ab.

Der Mensch steht an der Brücke zwischen Himmel und Erde. »Wie oben, so auch unten.« Da das Universum für den Menschen gemacht ist, könnten wir sogar sagen: Ohne uns gäbe es keine Evolution über die Ebene des Tierischen hinaus. Aber der Evolutionsprozeß geht eben doch weiter, und zwar durch uns, und so kommt es darauf an, richtig zu atmen, damit die feinstofflichen Zentren und Kanäle geöffnet bleiben und ihre Funktion erfüllen können.

Die Evolution des Organischen ist eine aufwärts und vorwärts gewundene Spirale, auf der irgendwo der Mensch steht. Bewußtseinsevolution kommt von der Vollendung am Ende der Zeit her und hat einen Sinn und Zweck: die höheren Welten hier auf unsere Erde zu bringen. Wir sahen es in der Analogie der beiden Züge; die höheren Welten warten darauf, zur rechten Zeit ihren Zweck zu erfüllen. Wir sind die geeigneten Gefäße, in denen die notwendigen Transformationen stattfinden können.

Viele dieser Dinge haben in den großen Mythen und Geschichten aller Zeiten ihren Ausdruck gefunden, und es hat immer wieder einzelne Menschen oder Gruppen gegeben, die um diese Geheimnissse wußten, zum Beispiel die Derwische. Das Wort Derwisch bedeutet wörtlich »Schwelle«; man könnte sagen, daß ein Derwisch, Mann oder Frau, eine lebendige Brücke ist zwischen den beiden Aspekten der Evolution. Er dreht sich in seinem ekstatischen Tanz gegen den Uhrzeigersinn und läßt damit die höheren Energien für uns wirksam werden. Zugleich – da in einer sich drehenden Welt alles aus dem ruhenden Drehpunkt hervorgeht – zeugt er mit der Anrufung von Gottes heiligem Namen für die Einheit, und dadurch entsteht ein zweiter Wirbel in ihm. Schließlich wird alles in seinem Herzen vollkommen vermischt und verschmolzen. Alle Zentren feinstofflicher Energie, die Chakren, arbeiten nun in vollkommener Harmonie. Die Kanäle öffnen sich, und die verfeinerte Energie, die aus dieser alchemistischen Vermählung hervorgeht, steht der Welt zur Verfügung. Für den Atem stellen Mauern kein Hindernis dar; vom Derwisch sagt man, er sei »nichtexistent« und daher gäbe es für ihn überhaupt keine Beschränkungen. Er ist in der Welt und doch nicht von der Welt. Er braucht keine Filter mehr, die ihn vor dem reinen Licht Gottes schützen. Alles ist wieder Eins geworden.

Der innere Sinn des heiligen Tanzes und seiner Symbolik ist zu keiner Zeit ganz verlorengegangen. Er war bekannt, als Jesus lebte, und er war zur Zeit des Propheten Muhammad (Friede und Segen) und seines Neffen Ali bekannt, von dem die Hauptzweige der Derwisch-Bruderschaft ausgingen. Ich habe mich manchmal gefragt, in wie weit »der Tanz« in den christlichen Orden verlorengegangen sei, aber dann erzählte mir ein guter Freund, was er in der Kapelle von Ephesus erlebt hatte, an jenem

Ort also, den die Jungfrau Maria nach der Kreuzigung aufgesucht hatte.

Fast immer halten sich dort gerade Pilger auf, die von den antiken Ruinen am Fuß des Berges die sechs Kilometer zu Fuß heraufgewandert sind oder in ganzen Busladungen aus aller Welt herangefahren werden. Ich wohnte einmal einer Messe bei, die draußen vor dem Gebäude gefeiert werden mußte, weil der Andrang einfach zu groß war.

An dem Tag, von dem mein Freund erzählte, war dort oben weit und breit niemand zu sehen. Er saß still da und betete, um dann eine Kerze für seine Familie und seine Freunde anzuzünden. Dann vergewisserte er sich, daß er allein sei, und begann mit der Drehung der Derwische. Er stammt aus Kanada und hatte Zugang zu einer der Bruderschaften gefunden. Mit hoch erhobenen Armen, die rechte Hand in einer empfangenden Haltung nach oben geöffnet, die linke zur Erde weisend, um die transformierten Energien dorthin zu lenken, begann er sich langsam zu drehen. In seinem Atem war *Hū*, in seinem Herzen Gott.

Er wird Augen gemacht haben, als aus einer kleinen Seitenkapelle plötzlich ein Priester auftauchte. Dieser legte den Finger auf den Mund und lächelte freundschaftlich. »Wo haben Sie die Drehung gelernt?« flüsterte er. »Ich übe auch die Drehung, wenn niemand hier ist.«

17

Sehen und gesehen werden

Meditation ist kein Dahintreiben in den Rinnen des Bewußtseins. Meditation ist reine Disziplin, die zur inneren Schau Gottes führen kann.

Es gibt in dieser wunderbar komplexen Struktur, die wir sind, Pforten, die in ganz neue Reiche des Möglichen führen. Wenn wir diese Pforten öffnen, entwickeln sich höhere Sinne in uns; zuerst aber müssen wir die fünf niederen Sinne zu unseren Freunden und Verbündeten gemacht haben.

So können wir ganz allmählich zum Beispiel hellsichtig werden, also die Dinge mehr und mehr so sehen, wie sie wirklich sind, und nicht nur so, wie sie erscheinen. Ebenso werden wir auch »hellhörig« in dem Sinne, daß wir mit dem inneren Ohr hören. Niemand kann uns dann mehr belügen, denn wir wüßten sofort, ob jemand die Wahrheit sagt oder nicht. Es ist wirklich erstaunlich, wieviel heutzutage gelogen wird, und dabei haben die Leute nicht einmal unbedingt die Absicht, Unwahrheiten zu verbreiten. Sie haben einfach vergessen, wieviel Freude in der Wahrheit liegt und wieviel Ungutes sich im Laufe eines Lebens ansammelt, wenn man nur in Selbsttäuschungen lebt, die auf blind fortgesponnenen Unwahrheiten beruhen.

Es liegt auf der Hand, daß wir auch für andere Menschen mehr tun können, wenn wir unsere höheren Sinne entwickelt haben. Natürlich dürfen wir nicht mit schnellen Ergebnissen rechnen. Und vor allem müssen wir bei der Entwicklung dieser Anlagen mit beiden Beinen auf dem Boden bleiben.

Das ist bei vielen Menschen, deren kleines Bewußtsein sich nur von Vergleichen ernährt, ein Problem: Sie wollen schnelle Resultate sehen, und wenn sie dann merken, daß dieser Weg sehr mühevoll ist und viel Stehvermögen verlangt, werden sie ungehalten und lasten es am Ende noch dem Lehrer oder der Lehre an, daß sie nicht einmal die Grundregeln des spirituellen Weges einzusehen vermögen.

Eine echte Entscheidung wird *außerhalb der Zeit* gefällt, und wer den Schritt ins Unbekannte wagen will, darf nicht erwarten, daß Resultate sich genau dann einstellen werden, wenn er sie verdient zu haben glaubt. Für den wahren Suchenden hört die Suche niemals auf. Es geht darum, einfach Schritt für Schritt, Tag für Tag, Monat für Monat weiterzugehen, alle Bemühungen durch bewußtes Atmen zu unterstützen und vertrauensvoll fortzufahren in dem Wissen, daß unsere Mühen eines Tages, wenn die Zeit reif ist, ihre Früchte tragen werden.

Es gibt keinen leichten Weg zur Erleuchtung, wie es uns so viele Anzeigen gern glauben machen wollen. Gewiß, es gibt schnelle Methoden, doch mit denen mästet man nur das Ego, bis es so übergroß geworden ist, daß es die Augen blendet und die Pforten verschließt. Man sitzt da wie in einem Gefängnis, zu dem der Wärter den Schlüssel verloren hat. Von einem spirituellen Sucher auf dem Pfad der Wahrheit ist Ausdauer verlangt und gute, solide, harte Arbeit; jedem, der sich auf die Reise macht, sei dies ans Herz gelegt. Es könnte ihm manche Enttäuschung und Bitterkeit ersparen, die ihn schließlich seiner Urteilsfähigkeit berauben. Die Welt der Workshops und Wochenendkurse ist voll von Suchern nach schneller Erleuchtung, die kaum mehr wissen, wohin noch sie sich wenden sollen. Macht die Sinne zu euren Freunden, und bringt auch alles andere ans Licht, was in euch steckt. Dann wird wahrer Nutzen daraus.

Betrachten wir einmal näher, wie die Verfeinerung eines der fünf normalen Sinne aussehen könnte; dann spüren wir auch, was es bedeuten würde, alle Sinne in dieser Weise zu entwickeln. Nehmen wir an, Sie säßen am Fenster. Was sehen Sie tatsächlich? Schon allein diese Frage ändert unsere Ausrichtung ein wenig, weckt uns auf und mobilisiert Energie: Vielleicht ist da draußen ja doch etwas, das wir noch nicht bemerkt haben. Es ist, als würde ein Schleier fortgezogen; das Leben sieht frischer und klarer aus.

Diese Empfindung wird noch deutlicher, wenn wir gleichzeitig auf den Atem achten, doch das erfordert Geduld und Ausdauer. Unser Bewußtsein gleitet so leicht in seine Selbstgespräche ab und verbraucht damit die Energie, die wir für unser Experiment benötigen. Rufen Sie Ihr Bewußtsein zur Ordnung, indem Sie auf Ihren Atem achten. Es wird sich anfangs wehren, aber mit der Zeit sieht es dann doch ein, daß es nicht einfach herumspielen kann.

Machen Sie sich klar, daß *Sie* es sind, der/die da schaut. Was Sie da sehen, kann niemand sonst für Sie sehen. Ihre Anschauung kann immer nur Ihre ganz eigene Anschauung sein. Der Anblick, der sich Ihnen bietet, kann sich nur Ihnen auf gerade diese Weise bieten. Machen Sie sich diesen Gedanken ganz zu eigen. Da sind nur Sie und der Anblick, der sich Ihnen draußen vor dem Fenster bietet.

Werden Sie sich nun des Fensters bewußt und der Tatsache, daß Sie hindurchschauen. Sie schauen durch ein durchsichtiges festes Material, und auch dies, wenn es uns ganz klar wird, kann unserem Schauen eine neue Dimension geben. Der Anblick dort draußen gewinnt an Tiefe, weil wir unserem Schauen etwas hinzugefügt haben – auch wenn es nicht sichtbar ist. Wenn wir die Sinne entwickeln wollen, darf es keine selbstverständlich vorausgesetzten Dinge geben. Wir schauen aus dem Fenster und bemerken, daß der Anblick von Moment zu Moment ein anderer wird. Dieser ständige Wandel macht einen unwillkürlich lächeln.

Als nächstes beziehen Sie nun auch den Raum ein, aus dem Sie die Außenwelt betrachten. Wenden Sie sich um und vergegenwärtigen Sie sich die Anordnung der Möbel, der Bilder an der Wand, der Bücher im Regal, der Blumen und Pflanzen auf Tisch und Fensterbank. Das Zimmer gehört zu dem, was wir hier Anblick nennen. Wenn wir aus dem Fenster schauen, liegt es zwar hinter uns, aber mit ein wenig Übung können wir nicht nur das Zimmer, sondern das ganze Haus in unser Hinausschauen integrieren. Wir können sogar das Haus und seine Umgebung insgesamt oder Stück für Stück gegenwärtig haben, während wir zugleich aus dem Fenster unseres Zimmers schauen. Den Möglichkeiten sind keine Grenzen gesetzt, wenn uns erst aufgeht, daß wir nicht zwei- oder dreidimensionale Wesen sind, sondern vieldimensional. Kein Zweifel, unser Sehvermögen reicht weiter, als die engen Mauern unseres gewohnten Gefängnisses ahnen lassen, und wir bekommen einen Geschmack von großer Freiheit.

Und es geht noch weiter. Wir halten an unserer Atemübung fest und schauen nun durch unsere Augen anstatt aus den Augen. Auch das fügt unserem Schauen eine neue Dimension hinzu, eine weitere Möglichkeit.

Nun stellen Sie sich vor, da draußen sei etwas oder jemand und schaute Sie an. Sie sind dann Bestandteil eines Anblicks, den jemand oder etwas anderes gerade hat. Indem wir schauen, werden wir gesehen. Alle Dinge im Universum sind auf subtile Weise miteinander verbunden, und indem uns dies aufgeht, fügen wir uns bewußt in die Ganzheit des Lebensstromes ein. Irgendwo zwischen Einatmen und Ausatmen erfassen wir: Wonach wir ausschauen, ist das, was schaut; und was wir durchs Fenster sehen, will und muß gesehen werden, damit es zum Leben erwachen kann. »Ah«, sagt Gott, »jetzt weiß ich, daß einer meiner Diener gute Arbeit leistet«, und er haucht einen Seufzer der Erleichterung, den wir im Wind hören...

Höre, innig Geliebter!

Ich bin die Wirklichkeit der Welt, Zentrum des Umkreises.
Ich bin die Teile und das Ganze.
Ich bin der Wille, der zwischen Himmel und Erde waltet.
Ich gab dir Wahrnehmung, auf daß ich der Gegenstand deiner
    Wahrnehmung sein könne.
Nimmst du mich wahr, so nimmst du dich wahr.
Doch du kannst mich nicht durch dich wahrnehmen.
Durch *meine* Augen siehst du mich und dich selbst.
Durch deine Augen kannst du mich nicht sehen.

Innig Geliebter!

Ich habe dich so oft gerufen, und du hast mich nicht gehört.
Ich habe mich dir so oft gezeigt, und du hast mich nicht gesehen.
Ich habe mich so oft zu Duft gemacht, und du hast mich nicht
    gerochen,

zu schmackhafter Speise, und du hast mich nicht geschmeckt.
Warum erreichst du mich nicht durch das Ding, das du berührst,
   oder atmest mich ein durch süße Düfte?
Warum siehst du mich nicht? Warum hörst du mich nicht?
Warum? Warum? Warum?

Ibn 'Arabi

18

Es braucht seine Zeit

Ein Heiler ist jemand, der dir weiterhilft auf deine Ganzheit zu.

Wirkliches Erkennen ist schmerzhaft für unser Ego, unsere Ich-Vorstellung, aber es wird uns nie mehr Schmerz aufgebürdet, als wir ertragen können. Erkenntnis schneidet durch unsere Verblendung wie ein heißes Messer durch Butter, doch zugleich sind wir vor einem Zuviel an Erkenntnis geschützt. Was auch immer uns an Erkenntnis geboten wird, wenn wir nicht leer genug sind, können wir es nicht aufnehmen, seine Essenz nicht erfassen. Solange wir nicht innerlich geläutert sind, haben wir nichts zu geben, und nur durch das Geben können wir empfangen: Das ist unser Schutz.

In dieser relativen Welt braucht es seine Zeit, bis wir begreifen. Der Illusionen ledig zu werden, braucht seine Zeit; das Leben zu vollenden, braucht seine Zeit. Wir sehen sogar die Pforten, die geöffnet werden müssen, doch haben sie Schlösser auf beiden Seiten.

Zuerst müssen wir den Schlüssel finden, mit dem wir das Schloß auf unserer Seite öffnen können, und dann kann es noch gute Zeit dauern, bis die Pforte auch auf der anderen Seite entriegelt wird. Hier eine Geschichte dazu.

Sie erzählt von einem berühmten Heiler, von dem manche sagen, er sei früher einmal Arzt gewesen. Jedenfalls wußte er eine Menge über die physischen und psychischen Aspekte der Beschwerden, mit denen die Menschen zu ihm kamen. Nach vielen arbeitsamen Jahren, wissend, daß seine Zeit bemessen war, beschloß er, einen Schüler anzunehmen, damit sein Wissen auch späteren Generationen zugutekäme.

Da er so bekannt war, bewarben sich viele um diese Lehrstelle. Er sprach mit allen, zeichnete ihre Lebensgeschichte auf und befragte sie eingehend über ihre Motive und Absichten. Er fragte sie, wo sie bisher studiert hatten und in welchen Ländern sie gewesen waren. Er nahm es sehr genau mit dieser Befragung und ließ keine Ecke unausgeleuchtet. Er mußte den richtigen Menschen finden, jemanden, der sich selbst nicht zu wichtig nahm und nicht mit lauter fremden Ansichten über das Wesen des Heilens befrachtet war. Jedem, mit dem er sprach, sagte er, er werde ihn innerhalb eines Monats wissen lassen, für wen er sich entschieden habe. Man kann sich denken, mit wieviel gespannter Erwartung der Entscheidung entgegengefiebert wurde.

Viele Männer und Frauen hatten sich bereits beworben, als eines Tages ein junger Mann kam. Er war schüchtern und entschuldigte sich beinah für seinen Wunsch nach einem Gespräch. Und anders als die anderen besaß er keine Vorbildung. Er hatte nicht Medizin studiert und sich noch nicht mit Kräuterheilkunde oder anderen Therapien beschäftigt, war aber als kleiner Junge einmal von diesem Heiler behandelt worden. Seine Eltern hatten ihn mit einer, wie es schien, unheilbaren Krankheit in das bescheidene Haus des Arztes gebracht, und er war genesen.

Etwas unsicher erzählte er seine Geschichte, und der Heiler machte sich diesmal keine Notizen. Dafür lächelte er und kicherte manchmal sogar ein wenig, während der junge Mann seine Lebensgeschichte erzählte. »Ja«, sagte er dann plötzlich mitten in einem Satz. »Sie können die Stelle haben. Sie brauchen nicht weiterzuerzählen. Wann können Sie anfangen?«

Natürlich war unser junger Mann, nennen wir ihn Mike, völlig perplex. »Aber… aber…«, stotterte er, »was ist mit all den anderen? Die sind doch für diese Arbeit sicher besser qualifiziert als ich.«

»Mike«, sagte der Heiler, »sie können von mir aus die Taschen voller Diplome haben, aber das heißt noch lange nicht, daß sie je begreifen werden. Soweit ich sehe, haben Sie diese Fähigkeit. Erstens sind Sie ohne Erwartung gekommen. Erwartung ist tödlich; sie tötet letztlich sogar die Hoffnung.

Sie verzehrt Lebenskraft und zerstört die ursprüngliche Unschuld eines echten Wunsches. Beherztheit, die zu lebendigem Glauben und Vertrauen führt, erstickt unter dem faulenden Abfall, den Erwartungen erzeugen – dann kann es nicht mehr zu der vollständigen Selbstaufgabe kommen, aus der Liebe erwächst. Das ist der erste Grund für meine Entscheidung.

Der zweite Grund: Es ist für Sie offenbar der richtige Zeitpunkt, denn Sie haben mir erzählt, Sie seien frei und hätten keine anderen Verpflichtungen. Sie sind, wie man sagt, ›mit beiden Händen‹ gekommen, und das macht es mir natürlich leichter, das weiterzugeben, was ich bekommen habe.

Und drittens habe ich mich für Sie entschieden, weil Sie das, was Sie an Erziehung und Ausbildung genossen, in Ihr Leben integriert haben. Zum Beispiel Ihre Manieren. Als Sie hereinkamen, habe ich bemerkt, daß sie über und nicht auf die Schwelle treten. Wer hat Ihnen das beigebracht?«

»Oh, das war mein Vater«, erwiderte Mike. »Er sagte immer: Wenn man ein Haus betritt, auch das eigene, ist es am besten, einen Augenblick vor der Tür stehenzubleiben, damit man ›in einem Stück‹ eintritt. Dann nämlich kann man alles Überflüssige vor der Tür lassen. Daran hat er uns immer wieder erinnert, und es ist mir haften geblieben. Als er sehr alt war, erinnerte er die ganze Familie noch einmal an diese kleine Lektion und sagte, wenn seine letzte Stunde komme, werde er gerade lange genug diesseits der Schwelle verharren, bevor er den Schritt in die nächste täte. Er werde in diesem Augenblick alle lose gebliebenen Enden dieses Lebens zusammenknüpfen, um niemandem zur Last zu fallen, weder in dieser Welt noch in der nächsten.«

Der Heiler lächelte. »Es gibt noch andere Gründe, weshalb ich mich für Sie entschieden habe, Mike, aber die können warten. Sie könnten sich etwas darauf einbilden und würden dann nicht mehr aufnehmen, was eigentlich zu lernen ist. Also, Sie fangen am nächsten Ersten an. Bringen Sie sich Kleidung mit. Bücher brauchen Sie nicht, die habe ich hier reichlich. Ich werde Ihnen während Ihrer Lehrzeit einen kleinen Lohn zahlen. Hinten im Garten ist eine Art bescheidenes Atelier, da können Sie wohnen.«

»Aber ich dachte, ich würde hier etwas bezahlen«, sagte Mike und schaute noch verlegener drein. »Ich habe mir etwas gespart, und nur für diese Gelegenheit.«

»So denken sie alle«, sagte der Heiler. »Aber eines Tages werden Sie sehen, daß es meine Freude und mein Vergnügen ist, lehren zu können – also ist es auch an mir zu zahlen. Jetzt aber fort mit Ihnen. Ihr Zimmer wird in drei Wochen, Ende des Monats, hergerichtet sein.«

Mikes Lehrzeit wäre eine hochinteressante Geschichte für sich, aber wir können sie hier nur in groben Umrissen nachzeichnen. Er blieb sieben Jahre bei dem alten Heiler. Manche vergingen schnell, andere schienen sich endlos hinzuziehen. Manchmal wurde er auf kurze Reisen geschickt, um sich »mit neuen Eindrücken zu sättigen«, wie der Heiler sagte. Einmal wurde er für mehrere Monate in ein anderes Land geschickt, und das, als er gerade dachte, seine Lehrzeit gehe dem Ende zu.

Anfangs fand er natürlich alles aufregend, doch dieses Gefühl verblaßte bald und wich einer großen Enttäuschung. Nichts schien hier logisch und nach Plan zu verlaufen. Patienten kamen und gingen, und meist besserten sich ihre Beschwerden. Sie kamen mit Erkrankungen aller Art, von Gallensteinen bis Krebs. Mal legte der Heiler sie auf eine Bank und behandelte sie mit den magnetischen Kräften seiner Hände, mal mischte er aus Unmengen von Flaschen, die er im Hinterzimmer aufbewahrte, einen Kräutertrank zusammen. Es gab keine festgelegten Prozeduren; jeder Kranke bekam seine ganz besondere Behandlung.

Während dieser ganzen Zeit wurde Mike in der Kunst des bewußten Atmens unterwiesen und über die feinstoffliche Anatomie des Menschen belehrt. Er erfuhr von den Chakren und von den feinstofflichen Kanälen, in denen die Lebenskraft fließt. Er lernte so viele verschiedene Heilmethoden, und seine Kladden füllten sich.

Gegen Ende des siebenten Jahres waren sie so gute Freunde geworden, daß sie den Augenblick wohl hinauszögerten, an dem sie sich trennen mußten – Mike, um in die Welt hinauszugehen und zu lehren, der Heiler, um sich zurückzuziehen und seinem Schüler zu gegebener Zeit weiteres Wissen zu vermitteln.

Dann, im Frühsommer, kam ein Anruf. Mike ging an den Apparat. Der Mann am anderen Ende war offenbar in größten Nöten. Er konnte kaum sprechen, aber Mike bekam irgendwie mit, daß er aus dem Mittleren Osten angereist war, um den Heiler aufzusuchen. So weit also hatte dessen Ruf sich inzwischen verbreitet! Wie es schien, war der Anrufer von seinem Lehrer nach Europa geschickt worden. Irgendwie schaffte er es noch zu erklären, er sei auf dem Bahnhof. Mike rief dies dem Heiler zu und fuhr sofort mit dem Wagen los.

Es war einer von diesen ganz besonderen schottischen Sommertagen. Man sah die ersten verspielten Lämmer, das Hochland war wie bestäubt mit der Farbe des Heidekrauts. Die nächste Bahnstation war etwa zehn Meilen entfernt, und die Fahrt dauerte lange. Schafe mußten von der Straße gescheucht werden, und die in den Anblick der Landschaft versunkenen Touristen machten das Fahren auch nicht gerade leichter. Mike mußte sich Mühe geben, seine Konzentration während dieser Fahrt aufrechtzuerhalten. Ohne Zweifel war dies eine sehr wichtige Mission, und die zehn Meilen schienen sich endlos hinzuziehen. »Behalten Sie Ihre Intention bei jedem Schritt im Auge«, hatte der Heiler ihn so oft gemahnt. Jetzt schienen diese ganzen sieben Jahre der Schulung dicht gedrängt in diesen paar Meilen schottischen Hochlands zu liegen.

Auf dem Bahnhof fand er den Anrufer in höchst bedenklichem Zustand vor. Er saß ganz in sich zusammengekauert auf einer Bank, neben sich einen verbeulten Koffer. Er hatte sich so in seinen Mantel verkrochen, daß man sein Gesicht kaum sehen konnte. Die Lammfellkappe hatte er sich über die Ohren gezogen. Mike führte ihn sofort zum Wagen und sagte, der Heiler erwarte ihn bereits. Dann begann die Rückfahrt. Der Mann keuchte und hielt sich während der ganzen Fahrt den Bauch. Sein Gesicht war ganz grau, und Mike fragte sich, ob er ihn nicht lieber ins Krankenhaus bringen sollte. Das lag jedoch fünfzehn Meilen entfernt in der anderen Richtung. Er fuhr weiter. Kein Wort wurde gesprochen.

Als sie ankamen, schien der Kranke völlig am Ende zu sein, doch der Heiler empfing ihn mit offenen Armen, und sie gingen ins Haus. Mike mußte einen besonderen Tee aufbrühen, während der Heiler den Patienten untersuchte. Das dauerte nicht lange. Der Mann wußte bereits von Ärzten, daß er an einer schweren inneren Krankheit litt. Sein Vater war schon daran gestorben, und nun hatte die Krankheit auch seinen Bruder ereilt.

»Ja, verstehe«, sagte der Heiler. »Und Sie haben nun diese Reise auf sich genommen, um mich zu konsultieren. Was gibt Ihnen das Gefühl, daß ich Ihnen helfen kann?«

»Vielleicht ist es Kismet«, erwiderte der Mann. »Schottland und der Iran liegen weit voneinander entfernt, und doch habe ich von Ihnen gehört, und man hat mir gesagt, Sie könnten mir vielleicht das Leben retten.«

»Ich weiß, was mit Ihnen los ist«, sagte der Heiler. »Ich glaube, wir können Ihnen sehr schnell helfen. Mike, gehen Sie doch mal ins Hinterzimmer; ganz oben im Regal finden sie eins von diesen Gläsern, die mit einem roten Stern markiert sind. Das bringen Sie bitte her.«

Das Hinterzimmer stand voller Regale, und hier sah es aus wie auf einem jener Gemälde, die Apotheken früherer Zeiten darstellen – Glas neben Glas mit verschiedenfarbigen, lateinisch beschrifteten Etiketten. Er griff nach dem Glas mit dem roten Stern und brachte es schnell in den Behandlungsraum. Der Mann hielt sich immer noch den Bauch und hustete gelegentlich. Aber er wirkte jetzt viel ruhiger und hatte sogar wieder etwas Farbe bekommen.

Sie werden eine Woche lang jeden Tag zu mir kommen«, sagte der Heiler. »Wir werden Ihnen ein Hotelzimmer beschaffen. Das Essen ist gut, und es ist da sehr sauber. In dieser Zeit müssen Sie das hier einnehmen.« Er nahm das Glas, öffnete den Deckel, und in dem Glas war eine Art Wurzel. Sieht wie Ingwer aus, dachte Mike. Es war das erste Mal in diesen sieben Jahren, daß er in das Glas schaute.

Der Heiler zog ein scharfes Taschenmesser hervor und schnitt drei dünne Scheiben von der Wurzel ab. »Mehr brauchen Sie nicht«, sagte er. Er gab dem Mann die drei Stücke und sagte, er müsse sie während der nächsten zehn Minuten sorgsam kauen. Er sollte dabei auf den Atem achten und ganz still sein.

»Was in aller Welt haben Sie ihm gegeben?« fragte Mike den Heiler, als sie nach nebenan gegangen waren. Der Heiler lächelte und legte den Finger auf den Mund. »Es muß immer Geheimnisse geben«, sagte er. »Diese Wurzel ist für seinen Zustand genau das Richtige. Ich glaube übrigens, daß er Parasiten hat, wahrscheinlich einen großen Wurm. Ich denke, daß wir ihm auf diese Weise beikommen.«

Der Mann aus dem Mittleren Osten quartierte sich also im Hotel ein, und Mike holte ihn jeden Tag ab, damit der Heiler ihm seine drei Scheibchen von der Wurzel geben konnte. Am siebten Tag wurde das kleine schottische Hotel von einer Explosion erschüttert, die aus den sanitären Räumen zu kommen schien. Und der Mann war für das, was da geschah, in der Tat sehr dankbar. Er rief sofort den Heiler an. Mike holte ihn mit dem Auto ab. Der Kranke war von rosiger Gesichtsfarbe, hatte seinen Humor zurückgewonnen und trug den Mantel über dem Arm. Er wollte sich verabschieden. Er fühle sich bestens, sagte er, und die Behandlung habe gewirkt. Zum ersten Mal seit Jahren war er ohne Schmerzen. Er weinte vor Dankbarkeit.

»Danke, danke«, sagte er. »Bitte, nehmen Sie das hier.« Und aus seinem Koffer kramte er eine schlichte Holzschatulle hervor. Das war für ihn wirklich ein sehr großzügiges Geschenk. Anschließend wurde noch viel erzählt und gelacht. Bevor Mike ihn dann zum Zug nach London brachte, von wo aus er nach Teheran reisen würde, fragte er noch, ob er seinen Bruder im Iran anrufen dürfe, um ihm die wunderbare Nachricht mitzuteilen. »Aber natürlich«, sagte der Heiler. »Bitte, dort ist der Apparat.«

Weder Mike noch der Heiler verstanden auch nur ein Wort, aber daß es ein großes Hallo war, hörte man auch so. Der Mann schlug mehrmals bekräftigend mit der Faust auf den Tisch, und als er aufgelegt hatte, kam er zu den beiden herüber und sagte mehrmals: »Allah, Allah.« Wieder lächelte der Heiler.

Eine Woche später kam wieder ein Anruf. Und wieder eine fremde Stimme, die vom Bahnhof aus anrief. Es war der Bruder des ersten Patienten aus dem Iran. Mike holte ihn ab. Im Haus des Heilers kochte er wieder den Tee, während der Kranke untersucht wurde. Schließlich kam der Heiler mit dem Besucher ins Wohnzimmer, wo Mike auf sie wartete.

»Es tut mir sehr leid«, sagte der Heiler, »aber ich kann Ihnen nicht helfen. Ihr Fall ist viel schwieriger als der Ihres Bruders. Er hätte Ihnen nicht sagen sollen, daß ich alles heilen kann. Ich werde in dieser Sache sehr tief mit mir zu Rate gehen müssen.«

Der arme Mann hielt sich immer noch den Bauch, genau so wie sein Bruder damals. Er bot ein Bild der Verzweiflung. »Sie meinen, Sie können mir nicht helfen, wie Sie meinem Bruder geholfen haben?« Er wurde sogar ziemlich böse und erhob sich.

»Jedenfalls jetzt nicht«, sagte der Heiler. »Ich muß beten und meditieren, aber natürlich lasse ich Sie nicht im Stich. Quartieren Sie sich erst mal in dem Hotel ein, in dem Ihr Bruder gewohnt hat. Lassen Sie sich das gute Essen schmecken, gehen Sie spazieren, atmen Sie die herrliche Luft – und kommen Sie in einer Woche wieder.« Der Mann willigte ein. Was sollte er auch machen, nachdem er um die halbe Welt gereist war in dem Bestreben, seine schrecklichen Bauchschmerzen loszuwerden? An den meisten Tagen rief er an und sagte, er sei noch im Hotel. Am siebten Tag kam er wieder.

»Mein Freund«, sagte der Heiler, »ich habe gebetet und gebetet, meditiert und meditiert, und jetzt, glaube ich, weiß ich was. Mike, würden Sie bitte ins Hinterzimmer gehen und mir aus dem oberen Regal das Glas mit dem roten Stern bringen?« Mike tat es. Der Heiler schnitt drei dünne Scheiben von der Wurzel ab und gab sie dem Mann mit der Anweisung, sie sorgsam zu kauen und dabei bewußt zu atmen. Am Abend erschütterte eine weitere Explosion das kleine schottische Hotel, und der Mann war geheilt.

Mike, obgleich er sieben lange Lehrjahre hinter sich hatte, war völlig durcheinander und auch ein bißchen aufgebracht. Das war einfach zuviel! Gewiß, der Heiler hatte in diesen Jahren viele ans Wunderbare grenzende Heilungen bewirkt, vor denen der Verstand versagte. Aber das hier war doch einfach lächerlich! Der erste Mann hatte einen Wurm, der mit Hilfe der Medizin nach sieben Tagen verschwand. Und sein Bruder, der die gleichen Beschwerden hatte, wurde fortgeschickt und mußte sieben Tage leiden, bevor er die gleiche Medizin erhielt, die dann aber schon nach wenigen Stunden durchschlagend wirkte.

Mike sagte dem Heiler mit deutlichen Worten, was er von der Sache hielt. Der Heiler lächelte noch breiter als zuvor. Er wußte

jetzt, daß seine Arbeit getan war. Der Schüler hatte seine Verpflichtung erfüllt, und nun war es für ihn Zeit zu gehen. »Es ist
so einfach«, sagte er und legte Mike einen Arm um die Schultern.
»Aber es hat doch sieben Jahre gedauert, bis jemand geschickt
wurde, an dem ich es erklären konnte. Gott ist der Geduldige,
und doch ist Er es auch, der uns ungeduldig macht. Eigentlich ist
das ganz schön unfair. Schauen Sie: Der erste Mann brauchte
drei Scheiben von der Wurzel. Sein Bruder brauchte Zeit und
drei Scheiben von der Wurzel.«

19
Pforten

Alle diese Übungen haben mit innerer Balance zu tun.
In jeder echten esoterischen Schule kommt es auf fortgesetztes
Üben an. Wenn wir den spirituellen Pfad beschreiten, hängt
alles davon ab, daß wir das innere Gleichgewicht wahren.
Nur wenn wir diese feine Balance halten können, ist es
möglich, uns den höheren Welten zu öffnen, ohne von einem
Sturm davongeweht zu werden.

Die Chakren liegen entlang der Wirbelsäule. Es gibt noch andere feinstoffliche Zentren, andere Pforten, doch die bleiben geschlossen, bis wir anklopfen. Sind Geduld und Ausdauer stark genug, so werden die unsichtbaren Türhüter sie irgendwann von innen öffnen.

Alles braucht in dieser relativen Welt seine Zeit, und das ist nur zu unserem Schutz. Würden die Pforten plötzlich aufspringen, so stünden wir vielleicht nicht fest und sicher genug, um das Wissen zu empfangen, das dann auf uns einstürzt.

Wir gehen den Lebenspfad Schritt für Schritt, stets bemüht, für den Augenblick wach zu sein, und hier gewinnt der Atem seine besondere Bedeutung. Atmen ist eine Erfahrung, die unser gesamtes Sein in allen seinen Aspekten erfaßt. Es hält nicht nur unsere Lunge in Bewegung, damit sie uns mit dem nötigen Sauerstoff versorgen kann, sondern verbindet uns auch mit den anderen Welten um uns her. Wir können unsere Aufmerksamkeit auf bestimmte Regionen unseres Körpers richten und dann in sie hinein und durch sie hindurch atmen, um sie anzuregen und zum Leben zu erwecken. Dies ist der Schlüssel, den wir für die Schlösser der Pforten brauchen. Wir können jeden Tag ein wenig das Aufschließen üben, wissend, daß die Pforten zwar lange geschlossen waren, aber eines Tages, wenn die Zeit reif ist, doch wieder aufgehen werden.

Die Übung, die ich jetzt vorstellen möchte, finden wir in etlichen esoterischen Traditionen. Natürlich gibt es Unterschiede des Erscheinungsbildes, aber im Prinzip stimmen alle diese Methoden überein. Der Mensch ist ein vieldimensionales Wesen und selten von vollkommener Ausgewogenheit in all seinen Zügen. Jede Übung zielt auf Balance und Harmonie ab, denn nur darin können wir auf verschiedenen Bewußtseinsebenen zugleich leben.

Viele Tore sind es, die geöffnet werden müssen, doch die sechs, um die es in dieser Übung gehen wird, sind mit allen anderen durch die feinstofflichen Körper verbunden. In der beschriebenen Art und über längere Zeit mit ihnen bewußt umzugehen, kann zu tiefgreifenden Veränderungen führen. Halten wir uns jedoch stets vor Augen, daß wir unsere Aufmerksamkeit zwar auf bestimmte Gebiete des Körpers lenken, aber nicht etwa diese Körperteile selbst meinen, sondern uns von ihnen nur die Richtung vorgeben lassen. Unser eigentlicher Gegenstand sind die feinstofflichen Zentren.

Bevor Sie sich nun dieser Übung widmen, sollten Sie sich geloben, daß Sie es ohne Erwartung tun werden, ohne Gier und Ehrgeiz. Das kann gar nicht genug betont werden. Die falsche Einstellung, und all unser Tun führt zu nichts.

Es kommt einzig und allein darauf an, in Liebe und für die Liebe zu üben. Die innere Haltung ist entscheidend, und die einzig richtige Haltung für diese Übung ist Dankbarkeit. Es gibt einen bestimmten inneren Klang, der sich mit diesem Wort einstellt. Es ist beinah ein Gefühl von ehrfurchtsvollem Staunen darüber, daß wir hier sein dürfen und auch noch Schlüssel für die Pforten erhalten.

Nehmen Sie entspannt, aber vollkommen aufrecht auf einem Stuhl mit gerade Lehne Platz. Nehmen Sie sich Zeit, sich auf den Rhythmus des »Mutter-Atems« (siehe Anhang) einzustellen. Der Rhythmus ist wichtig. Einatmen bis sieben, einen Zähltakt einhalten, ausatmen bis sieben, einen Zähltakt pausieren. Die Länge jedes Atemzugs und die Schnelligkeit des Rhythmus hängt vom persönlichen Empfinden des einzelnen ab. Der Atem soll möglichst natürlich schwingen.

Verfolgen Sie den Atem in seinen Gezeiten, und werden Sie sich dieses Wunders bewußt. Wie das Leben in allen Teilen des Universums pulsiert, so durchströmt der Atem alle Fasern Ihres Seins. Sie können in diesem Gewahrsein des Atems aufstehen und spazierengehen. Sie können auch an Ihren Lieblingsbaum gelehnt stehen und üben – vor allem kommt es darauf an, daß Ihr Bewußtsein nicht abschweift. Sie brauchen jedes bißchen Ihrer Kraft für die Sammlung. Die Augen können während der Übung offen oder geschlossen sein.

Atmen Sie beim Einatmen in Ihren Solarplexus hinunter. Stellen Sie sich zugleich visuell vor, daß Sie die Energie der Erde und Ihrer Umgebung einatmen. Atmen Sie nun von der Mitte Ihrer Brust her durch die Arme und Hände aus. Wenn das in der richtigen Weise geschieht, ist es nicht nur eine herrliche Empfindung; diese innere Haltung des Gebens ist von weitreichender Bedeutung, insbesondere natürlich für menschliche Beziehungen.

Die erste Pforte liegt in der Gegend der Milz, also auf der linken Körperseite hinter dem unteren Teil des Brustkorbes. Denken Sie daran: Wir haben hier nicht allein mit dem physischen Körper zu tun; das ist nur die niedrigste Schwingungsebene. Es gibt viele höhere Ebenen, auf die wir uns durch richtiges Atmen einstimmen können.

Alle diese Zentren haben verschiedene Funktionen, aber im Zusammenwirken verhelfen sie uns zu einer tieferen Harmonie mit dem gesamten Universum. Die erste Pforte macht uns eine Art von Energie verfügbar, die unentbehrlich ist für unsere Reise. Sie wird daher manchmal »Lebenskraft« (im Chinesischen *ch'i*) genannt. Wenn von dieser verfeinerten Energie nicht genügend in uns zirkuliert, haben wir es schwer, unsere persönliche Bestimmung zu erfüllen. Unsere Sammlung wird zu wünschen übrig lassen, und dann werden wir immer wieder von unserem eigentlichen Ziel abgelenkt. Mangelt es an Lebenskraft, so empfinden wir nicht diesen tiefen Frieden, der sich einstellt, wenn alles ineinandergreift und sich zu *einer* Bewegung auf das Ziel hin vereinigt. Es handelt sich bei dieser Energie nicht um gewöhnlichen animalischen Magnetismus, sondern um eine veredelte Form, die uns erst durch ausdauerndes inneres Bemühen verfügbar wird. Veredelt wird sie durch Atem, Klang und Visualisation.

Legen Sie nun ihre Hände auf die Milz, also auf die linke Außenseite des Brustkorbs, etwa in der Höhe der letzten drei bis vier Rippen. Wenn Sie Rechtshänder sind, dann zuerst die rechte Hand und darüber die linke. Linkshänder bedecken die linke Hand und mit der rechten. Atmen Sie nach der Methode des »Mutteratems« (siehe Anhang) in den Solarplexus ein und anschließend durch die Hände in die Milz aus. Visualisieren Sie reine Licht-Energie, die durch Ihre Hände strömt und von diesem Zentrum aufgenommen wird. Zugleich hauchen Sie leise den Laut *Hū* und lassen ihn tief in die Milzgegend eindringen, damit dort die Lebenskraft geweckt werden kann. Dies sollte dreimal geschehen.

Es ist weder notwendig noch ratsam, diese Übung länger fortzusetzen. Nach drei Atemzügen in die Milzgegend verlagern Sie Ihre Hände behutsam auf das nächste Zentrum, das auf der rechten Körperseite direkt unter dem Rippenbogen liegt. Stellen Sie sich bildlich vor, daß Ihre Hände, während sie zu dem neuen Zentrum hinwandern, die Lebenskraft mitnehmen. Lassen Sie nicht zu, daß Ihre Aufmerksamkeit auch nur für einen Atemzug abschweift!

Wie das erste Zentrum mit dem Wort »Lebenskraft« verbunden ist, so haben auch alle anderen Zentren einen solchen ideellen Aspekt. Während wir nun auf die beschriebene Weise das im Bereich der körperlichen Leber liegende Zentrum aktivieren, vergegenwärtigen wir uns das Wort »Wunsch«. Es ist wirklich erstaunlich, wie dieses eine Wort uns auf unser Ziel ausrichten kann.

Wer weiß noch, wie sich das anfühlte, damals, als die Welt noch jung und neu war, wenn man sich beim Anblick einer Sternschnuppe etwas wünschte? Wir alle haben noch die ursprüngliche Unschuld und Begeisterungsfähigkeit der Kindheit in uns, doch ist sie häufig überkrustet von Schmerz und Urteilen. Aber die Erinnerung ist noch da, und wir können ihr neues Leben geben.

Was eigentlich wünschen wir uns? Ich spreche hier nicht von Träumen, nicht von Segelyacht oder Traumhaus. Was ist unser wirklicher großer Wunsch? Freiheit, wunderbare, grenzenlose Freiheit? Oder Erkenntnis? Was ist es? Letztlich ist unser Wunsch eine ganz persönliche Sache. Er geht nur uns selbst und unseren Schöpfer an und erfordert nichts weiter als Ehrlichkeit.

Dann fragt sich auch, was wir uns für Freunde und Familie wünschen würden. Das Wort »Wunsch« ist eine Pforte zu höheren Welten, durch die Impulse einer anderen Art in unser Leben gelangen. Wir müssen herausfinden, was wir wünschen, und dürfen es nicht wieder vergessen. Es gibt viel zu putzen, bis die Schlüssel blank genug sind, um damit die Schlösser zu öffnen.

Wenn wir die Hände vom ersten Zentrum auf das zweite verlagert haben, stets in dem Bewußtsein, daß Atem und Sammlung die Lebenskraft transportieren, hauchen wir wieder dreimal das *Hū* in diese Gegend. Wir bringen die für die Wiedererweckung von »Wunsch« notwendige Energie in dieses Zentrum und beginnen damit auch, Gottes Wunsch für uns zu erfüllen. Wir können sagen: »Laß Deinen Wunsch mein Verlangen werden«, und dann ist da vielleicht keine Dualität und keine Trennung mehr.

Im nächsten Schritt bewegen wir unsere Hände behutsam zum dritten Zentrum, das auf der linken Brustseite liegt; wir legen die Hände auf unser physisches Herz. Auch dieses Zentrum hat ein Schlüsselwort: Hoffnung.

Es ist nicht leicht in einer Welt, die so von Leiden und Schmutz erfüllt ist, sich auf dieses Wort einzulassen. Ich denke, daß manch einer von uns irgendwann schon einmal fast alle Hoffnung für uns und die Welt verloren hat. Wir kommen in einer eiskalten Winternacht in London oder New York an einer zusammengekauerten Gestalt vorbei und fragen uns, welche Hoffnung solch ein Mensch wohl noch haben kann und welche Hoffnung uns der religiöse und politische Fanatismus bietet, der Land gegen Land, Bruder gegen Bruder aufhetzt. Welche Hoffnung gibt es für die Millionen, die verhungern?

Und doch bedarf es der Hoffnung. Wenn wir alle Hoffnung verlieren, was wird dann aus Gottes Hoffnung für uns? Wir können vergessen, daß Hoffnung in der Welt ist, aber das ändert nichts daran, daß es sie gibt. Hoffnung ist in jedem Herzschlag. Und wie es einen inneren Klang für Dankbarkeit gibt, so hat auch das Wort Hoffnung seinen inneren Klang. Indem wir dieses Zentrum erwecken, beten wir darum, uns zu erinnern, was echte Hoffnung ist, und holen sie damit in diesen gegenwärtigen Augenblick zurück. Wir hoffen aufrichtig, es mögen sich die Dinge für jedermann zum Besseren wenden. Unsere Stimme schwingt leise mit dem *Hū*, das wir abermals dreimal in dieses Gebiet tönen lassen.

Nun bewegen wir unsere Hände zum vierten Zentrum, das spiegelbildlich auf der anderen Brustseite liegt. Es wird manchmal »die ganz geheime Stelle« genannt und darf nicht ausgelassen werden. Das Schlüsselwort lautet hier: Glaube.

Wir mögen noch so zynisch sein und jeden Glauben leugnen, er ist doch immer da in dieser oder jener Form. Diese Schlüsselwörter sind von enormer Kraft, und es ist manchmal gut, ein Notizbuch bereitliegen zu haben, um alles aufzuschreiben, was in uns aufsteigt, wenn wir uns in sie versenken. Woran glauben wir? Was würde geschehen, wenn ein lebendiger Glaube in uns erwachte, der lange Zeit im Schlaf lag? Ist es möglich, durch echten Glauben zu so tiefer Überzeugung zu gelangen, daß wir diese Welt mit einem Credo verlassen könnten, welches alle bloßen Begriffe der Welt hinter sich gelassen hat und auch unseren Kindern und deren Kindern wahres Begreifen ermöglicht? Das ist eine große Herausforderung, aber auch voll wunderbarer Möglichkeiten.

Wieder lassen wir dreimal das *Hū* in dieses Zentrum des Glaubens tönen.

Es bedarf hier einiger Übung, um zu verhindern, daß unsere Aufmerksamkeit auch nur für Sekundenbruchteile abschweift, während wir die Hände von Zentrum zu Zentrum bewegen und dabei Licht und Energie visualisieren, uns in den inneren Sinn versenken und den Atemrhythmus einhalten. Erinnern wir uns also immer wieder daran: Stille Beharrlichkeit ist der Schlüssel. Verbissene Anstrengung hilft uns nicht weiter, aber im Laufe der Zeit wird uns doch etwas erwachsen aus unseren Bemühungen. Das muß nicht unbedingt dann geschehen, wenn wir gerade üben. Jeder weiß es: Echte Einsicht stellt sich mitunter bei den unmöglichsten Gelegenheiten ein.

Jetzt bleiben uns noch zwei Pforten zu öffnen. Es gibt wie gesagt noch weitere, aber diese sind für den Anfang die wichtigsten, und die anderen können folgen. Es wäre nicht richtig zu sagen, eines dieser Zentren sei wichtiger als die anderen, aber halten wir bei diesen beiden letzten fest, daß sie in ihrer Lage mit zwei der sieben Chakren übereinstimmen, nämlich dem Kehlzentrum und dem nächsttieferen, das in der Mitte der Brust liegt.

Bewegen wir unsere Hände also vom Glaubens-Zentrum zum Kehlzentrum. Dieses Kehlzentrum hat zahlreiche »Aufgaben«. Was wir trinken und essen, geht durch die Kehle, und das gilt ebenso für die Atemluft. Auch unsere Stimme hat ihren Sitz in der Kehle. »Im Anfang war das Wort.« Das erste Wort, so heißt es, war »Sei«, und dann wurde alles. Die göttliche Weisung aus dem Herzen Gottes wurde vom ersten manifesten Laut im Universum getragen, dem Laut *Hū*. Das Schlüsselwort dieses Zentrums ist »Hingabe« oder »Ergebung«. Indem wir die Lebenskraft durch unsere Hände ins Kehlzentrum gelangen lassen, öffnen wir diese Pforten, damit die höheren Welten durch uns wirken können. Es gibt ein Gebet aus der Zeit der frühen Kirchenväter, das, wie ich glaube, an dieser Stelle sehr hilfreich ist:

Das Gebet der Hingabe

Vater, in deine Hände ergebe ich mich.
Tu mit mir, was auch immer Du willst,
und was immer Du tust –
ich werde Dank sagen und stets dankbar bleiben.
Dein Wille geschehe in mir wie in allen Deinen Kreaturen.

In Deine Hände befehle ich meinen Geist.
Ich tue es mit der ganzen Liebe meines Herzens,
denn ich liebe Dich, Herr,
und sehne mich so sehr, mich zu geben mit einem Vertrauen,
das alles Maß übersteigt.

Amen.

»Gott braucht den Menschen« – und nun sind wir bereit, uns hinzugeben für Sein Werk auf Erden. Möge der Himmel auf die Erde kommen und die Erde sich in den Himmel verwandeln! Wieder tönt das *Hū* dreimal in dieses Zentrum, und vielleicht hören wir jetzt zum erstenmal die Botschaft, die uns vermittelt, worin Liebe verankert sein muß – in der Erkenntnis unserer selbst.

Nun zum abschließenden Teil der Übung. Behutsam und voller Dankbarkeit lassen wir die Hände vom Kehlzentrum zu dem Zentrum in der Mitte der Brust gleiten, beugen dabei sanft und gesammelt den Kopf und visualisieren in der Mitte der Brust ein Licht. Siebenmal hauchen wir das *Hū* in dieses letzte Zentrum und stellen uns eine vollkommene rote Rose vor, deren Kelch sich zu dem Licht unter unseren Händen hin öffnet. Wir versenken uns in das Wort »Liebe«. Wir vergegenwärtigen uns Gottes Liebe für uns, damit wir in diesem Wissen, geliebt zu sein, in die Welt hinausgehen und als Botschafter Seiner Liebe dienen können. »Liebe den Herrn, deinen Gott, und liebe deinen nächsten wie dich selbst.« Der Kreis schließt sich. Wir verharren noch einige Minuten ganz still, die Hände ruhen auf den Knien. Wir können sicher sein, daß unsere Gebete gehört wurden.

20

Leitlinien

Wir sind hier, um uns bedingungslos dem Leben zu verpflichten. Es liegt auf der Hand, daß sich nur im gegenwärtigen Augenblick ein schöpferischer Prozeß abspielen kann.

Der Prozeß der Selbstentdeckung ist endlos, aber es lassen sich einige Leitlinien formulieren, die uns unterwegs helfen können. Das ist die ganze Absicht dieses Buches. Die Entdeckung unserer wahren Natur ist ein wunderbares Abenteuer, auch voller Gefahren und Fallgruben. Unterweisungen, die unmittelbarer Erfahrung entspringen, sind unschätzbar wertvoll.

So oft einer der Schleier der Verblendung sich von uns hebt, erfahren wir einen Moment des Zweifels, wenn nicht der Angst, ob wir überhaupt auf dem richtigen Weg sind. Doch wir gehen weiter, immer auf Suche, immer in der Frage nach dem Grund und Sinn dieses Lebens. Haben wir den Pfad des Dienens erst einmal eingeschlagen, dann gibt es kein Zurück mehr. Es ist, als wären wir in einem langen Tunnel, und hinter uns so viele andere Suchende, daß wir nichts tun können als weiterzugehen in dem Wissen, daß am Ende Licht ist. Und wenn wir dieses Licht sehen und erfahren, kommen wir erstmals an unseren eigenen Anfang. Wir sehen, daß da eine weitere Sonne hinter der Sonne unseres Universums ist und dahinter immer weitere bis hin zum »Licht der reinen Intelligenz«. Das Licht jenseits der Sonne gibt unserer Sonne Licht, und sie wiederum gibt es weiter als die Quelle allen Lebens auf der Erde.

Niemand hat uns gesagt, dieses Leben würde einfach sein. Manchmal bedrängen uns tiefe Zweifel und Ängste, ja sogar Verzweiflung; dann wieder spüren wir im Herzen echte Hoffnung. Das sind vorübergehende Zustände, mit denen wir uns nicht identifizieren sollten. Wenn wir das Glück haben, gut beraten zu sein und die richtigen »Werkzeuge« zu bekommen für diesen

Weg, dann können wir uns allem ausliefern, was notwendig ist, um unser Ziel zu erreichen. Wir können sogar jenen von Nutzen sein, die weniger Glück hatten, und ihnen etwas von den Erfahrungen vermitteln, die wir machen konnten. Das ist wie mit dem Stab beim Stafettenlauf. Wir alle brauchen einander – und Gott braucht uns.

Die folgenden Leitlinien oder Anhaltspunkte haben keine besondere Ordnung oder Abfolge. Sie haben viele Anwendungsmöglichkeiten, aber zunächst muß man grundsätzlich einsehen, daß sie überhaupt nützlich sind und regelrecht eingeübt werden müssen, damit sie uns eine Art zweite Natur werden. Nehmen Sie eine Leitlinie als Thema für einen ganzen Tag, und versuchen Sie dann erst, zwei oder mehr an ein und demselben Tag zu verwirklichen. Erwarten Sie nicht, daß es leicht sein wird, aber sehen Sie die Aufgabe trotzdem als etwas, das Freude macht. Hier wird uns eine weitere Herausforderung geboten!

1. *Sei präsent bei jedem Atemzug. Laß deine Aufmerksamkeit auch nicht für einen einzigen Atemzug abschweifen.*

Das scheint zunächst eine völlig unerfüllbare Forderung zu sein, aber wenn wir ein klares Ziel und genügend Ausdauer haben, werden wir allmählich doch immer wacher. Wir sind dann häufiger wirklich gesammelt und können in den verschiedensten Situationen, die beherztes Handeln und zugleich Besonnenheit erfordern, spontan reagieren. Echtes Erkennen wächst uns zu. Wir sagen: Gott ist der »einzige Erkennende«, aber es gibt keinen Gott außer Gott.

Einen bewußten Atemzug tun, das heißt: die Verantwortung übernehmen für diesen Augenblick. Erinnern wir uns immer wieder daran, daß Betonwände und Hochhäuser für den Atem kein Hindernis sind. Ein einziger bewußter Atemzug beeinflußt das Ganze, auch wenn wir von den Früchten unserer Mühen vielleicht selbst nichts zu sehen bekommen. Im Atem des Erbarmens ist beides, verstreichende und zurückkehrende Zeit. Wir atmen alle dieselbe Luft, doch es kommt darauf an, was wir damit tun. Seien Sie sich Ihres Atems bewußt, und nicht nur für sich selbst, sondern für alle. Nehmen Sie mit dem Einatmen alles auf, was Sie brauchen, und schicken Sie mit dem Ausatmen Licht und gute Gedanken in die Welt. Das Geheimnis liegt zwischen Einatmen und Ausatmen. Jeder Atemzug muß so sein, als wäre es der letzte – und eines Tages wird er es sein.

2. Lebe in der Frage.

Das ist eine Kunst für sich. Nur durch das Leben in der ewigen Frage nach dem Sinn des Lebens kann sich Wandel einstellen. Alles andere ist scheinbarer Wandel, während sich in Wirklichkeit nur alles immer aufs Neue wiederholt und keine Lektion wirklich gelernt wird. Wir haben nicht nur Anteil an der Evolution des Organischen, sondern können uns auch in die Evolution des Bewußtseins einschalten. Keine Angst vor der Frage. Die Antwort *muß* gefunden werden.

3. Achte auf jeden deiner Schritte.

Wir sind die Fahrer unseres Wagens. Wir dürfen nicht zulassen, daß er mit uns durchgeht. Wir wünschen uns Freiheit, die Freiheit, die in der Selbsterkenntnis liegt. Jeden Tag können wir üben, die Sinne zu unseren Freunden zu machen. Die inneren Pforten warten darauf, geöffnet zu werden! Der Schrei nach Freiheit ist in jedem Herzen – Freiheit von unnötigem Leiden, Freiheit von Verblendung, Freiheit für unsere Kinder und deren Kinder.

4. Denke stets daran, daß wir unterwegs sind aus der Welt der Erscheinung in die Welt der wahren Wirklichkeit.

Man nennt die spirituelle Reise auch »Rückkehr zu Gott«. Wir sind weit weg von unserem Ursprung, und wir möchten heim, dorthin, wo seit jeher unser Platz ist. »Ich war ein verborgener Schatz und wünschte, erkannt zu werden, also erschuf ich die Welt, auf daß ich erkannt werde.« Wir brauchen die Wahrheit nicht »irgendwo anders« zu suchen, denn sie liegt immer im gegenwärtigen Augenblick. Die Welt wurde für uns als Bühne für das größte aller Schauspiele erschaffen. Dieses Stück heißt »Leben«. Zeit ist das ewige Attribut Gottes.

5. Der Schlüssel zum Willen ist Dankbarkeit.

Das ist eine nicht ganz einfache Richtlinie in einer Welt, die in einem solch elenden Zustand ist. Aber es ist so: Wenn wir nicht dankbar sind dafür, daß wir leben, dann sind wir nur teilweise bewußt. Es ist schwer, dankbar zu sein, wenn wir leiden oder wenn wir um einen Freund trauern, der weitergezogen ist. Gelingt es aber, jeden Augenblick und jeden Atemzug mit Dankbarkeit zu erfüllen, dann wächst uns ein gewisses Maß an reinem Willen zu, ein Funke des göttlichen Willens. In Wirklichkeit gibt es nur Ein Absolutes Sein, das aber vielfältige Masken hat, so daß Er sich in der Welt der Form sowohl zeigt als auch verbirgt.

6. Übe die Gegenwart Gottes.

Halten wir uns stets vor Augen, daß Gott gegenwärtig ist, in unserem eigenen Herzen und in den Herzen anderer. Wir wissen, daß Er – *Hū* oder welchen Namen auch immer man dem nicht Benennbaren geben will – der einzige Freund ist. Dies zu erinnern, trägt dazu bei, den eingeschlossenen Gott zu befreien. Wir sehen Gott in uns selbst und in jedem anderen. Dieses Erkennen ist der Beginn der Freiheit.

7. Der ganze Sinn und Zweck der Liebe ist Schönheit.

Wir versuchen, alles so schön zu machen, wie wir können, ob wir in der Küche arbeiten, ein Bild malen oder ein Haus bauen. Wir halten unser Leben in Ordnung, da wir um die Verbundenheit allen Lebens wissen. Wenn im Keller unseres Hauses Chaos herrscht, so wirkt sich das auf alle anderen Räume aus. Ordnung und Sauberkeit sind unabdingbar auf dem spirituellen Weg. Wir versuchen unser Leben in Schönheit zu leben und etwas Schönes zurückzulassen, wenn wir gehen. Niemand vergißt je etwas wirklich Schönes, sei es bildende Kunst, Dichtung, Musik oder Tanz. Wenn wir nicht malen oder schreiben können und keinen Garten besitzen, den wir für andere zur Augenweide machen könnten, dann bleibt uns immer noch die Möglichkeit, uns anderer Schönheit inne zu sein und diese Erinnerung an Menschen weiterzugeben, die weniger Glück hatten als wir. Die Seele ist schön, und sie liebt das Schöne.

8. Ringe mit niederen Gedanken.

Reines Denken ist reine Energie. Was waren wir, als wir ein Gedanke im Geist Gottes waren? In unserem Getrenntsein von der Einheit erwächst der größte Teil unseres Denkens aus Einsamkeit, und es wird gespeist von Groll, Neid und Hochmut. Gedanken dieser Art sind völlig unnütz. Wir müssen ihnen irgendwie entgegentreten, und dieser Kampf ist ein Akt des Dienens – Dienst an uns selbst und anderen. Gedankenformen sind überall, und wenn wir nicht wach sind, heften sie sich an uns, wie Fliegen den Abfall umschwärmen. Wir können sie nicht niederringen, aber wir können sie umwandeln. Wenn wir wach sind im Atem und seinem Rhythmus, stets Licht und Freundlichkeit mit dem Ausatmen verströmend, so werden wir nach und nach frei von unnützen Gedanken, und reines Denken wird uns zugänglich.

9. Lerne zu verzeihen.

Das ist eine schwierige, aber unumgängliche Aufgabe. Es gibt jedoch einen Schlüssel, der uns weiterhilft. Jedes Wort hat einen inneren Sinn-Klang. Es gibt den Laut des Verzeihens ebenso, wie es den Laut der Dankbarkeit gibt. Gott ist nicht nur »der einzige Erkennende, der einzige, der für alles sorgt, der einzige Führer«, sondern auch der »All-Verzeihende«. Wir sind Seine Augen und Seine Ohren, und der Laut des Verzeihens sollte stets in unseren Ohren klingen. Wir brauchen diesen Laut nur zu entdecken, er ist da. Wir müssen nur still und aufmerksam lauschen. Wir werden diesen Laut im Herzen empfangen und ihn nie wieder vergessen. Das Ohr der Gewißheit hört, wenn es nicht durch Urteil und Vorwurf taub gemacht wird.

10. *»Richtet nicht, auf daß ihr nicht gerichtet werdet.«*

Was ist dessen wahre Bedeutung? Urteil und Verurteilung beruhen auf Vergangenem, das Strukturen von faulenden Gedankenformen hinterläßt, die auf den Kompost gehören. Wir können nicht urteilen, wenn wir wahrhaft wach sind, denn wir sehen dann die Ursache hinter der Ursache und kommen nicht mehr an der Einsicht vorbei, daß die Ursache eigentlich die Wirkung ihrer eigenen Wirkung ist. Unterscheiden und Urteilen – das sind zwei ganz verschiedene Dinge.

11. *Geduld ist der Schlüssel zum Mut,*

wie Dankbarkeit der Schlüssel zum Willen ist. Wir brauchen all den sanften Mut dessen, der »mitten unter Löwen liegen« kann. Ein sufisches Sprichwort lautet: »Es gibt keine Schöpfung in der relativen Welt; es gibt nur das Werden des Seins.« Man braucht Geduld, um das zu verstehen. »Geduldiger«, auch das ist einer Seiner wunderbaren Namen. Und doch heißt es im Koran: »Und wir erschufen den Menschen ungeduldig.«

12. Und schließlich: *»Halte fest am Seil Gottes«.*

»Gott hat keine Bedürfnisse, also gib Ihm deine.« Ich erinnere mich an eine Zeit, in der ich viele Wochen lang kaum schlafen konnte. Als ich zu meinem Lehrer ging, sah er mich an und lächelte: »Gut, Reshad. Jetzt bete noch mehr, denn Er hört gern deine Stimme.« Gott braucht jedes Gebet, das Er bekommen kann. Immer wenn wir wach sind, bewußt atmen und in der Frage leben, machen wir das Leben selbst zu einem Gebet und halten fest am Seil Gottes.

21

Das Licht jenseits der Sonne

Licht erst macht Farbe sichtbar.
Maulana Dschelaladdin Rumi

Setzen Sie sich auf Ihren Lieblingsplatz, im Haus oder draußen. Lassen Sie sich ganz auf den gegenwärtigen Augenblick ein. Nehmen Sie Ihren Körper wahr; wo und wie sitzt er? Schauen Sie sich um, nehmen Sie wahr, was da ist. Vergegenwärtigen Sie sich, was wir über die Sinne und die Verbundenheit allen Lebens gesagt haben. Wenn Sie im Haus sind, können Sie eine schöne Platte auflegen.

Die Aufmerksamkeit sammelt sich auf den Atem. Folgen Sie dem Atem einwärts und auswärts, als schauten Sie den Wellen am Strand zu.

Denken Sie daran, was der Atem ist, und daß wir alle dieselbe Luft atmen. Atmen Sie ein, was Sie brauchen, damit Sie Licht in die Welt ausatmen können. Versuchen Sie nicht, diese Visualisation als etwas Besonderes für sich selbst zu empfinden; machen Sie eine Übung in Schönheit daraus.

Atmen Sie jetzt den im Anhang beschriebenen »Mutter-Atem«. Das bringt uns in Einklang mit der universalen Harmonie. Lauschen Sie dem Klang des *Hū*, er ist überall. Dies wäre auch eine gute Zeit für die »Pforten-Übung«.

Stellen Sie sich vor, Sie säßen am Strand. Es ist gerade jener köstliche Augenblick kurz vor der Morgendämmerung. Eine Ahnung von Licht taucht über dem Horizont auf. Die Luft ist klar und frisch. Atmen Sie diese Luft tief ein. Lassen Sie sich von dieser Reinheit erfüllen und läutern.

Ein paar Sterne sind noch zu sehen. Nehmen Sie das Himmelslicht in sich auf. Fühlen Sie die Erde unter sich. Atmen Sie das Element Erde ein. Lauschen Sie dem Meer, und atmen Sie das Element Wasser ein. All das sind Gaben Gottes. Er möchte, daß wir sie annehmen, denn das Universum ist für uns gemacht.

Lassen Sie dieses Erleben ganz plastisch werden, verfolgen Sie, wie das Licht sich über den Horizont ausbreitet und immer heller wird, je weiter sich die Erde zur Sonne hin dreht. Alles ist von Stille erfüllt. Die ersten Strahlen spiegeln sich im Meer, die Sterne verblassen, der Mond hat sich zurückgezogen.

Ganz plötzlich durchbricht die Sonne die Schranke zwischen Tag und Nacht, und in diesem Augenblick gewinnt alles eine neue Klangqualität. So schnell steigt die Sonne über den Horizont auf! Empfinden Sie ihre Wärme auf Brust, Armen und im Gesicht. Ihr ganzer Körper wird langsam warm, während Sie dort am Strand sitzen. Die Vögel werden munter, alles kommt in Bewegung, während die Sonne immer höher steigt. Der Anfang eines neuen Tages.

Folgen Sie aufmerksam dem Lauf der Sonne, mit jedem Atemzug, bis sie ihren höchsten Stand erreicht hat. Mittag. Die Welt in vollem Gang.

Empfinden Sie, stets im Atemrhythmus, wie die goldenen Sonnenstrahlen alle Fasern Ihres Seins durchtränken. Holen Sie die Sonne in ihre Brust, so daß ihr Gold sich von dort aus in die Welt ergießt. Jetzt sind Sie das Zentrum Ihres Universums! Sie atmen nicht mehr, Sie werden geatmet.

Still, ganz still.

Da ist ein Licht von einer größeren Sonne, die unserer Sonne Licht gibt. Öffnen Sie sich diesem Licht. Lassen Sie es durch den Scheitel in sich einströmen. Es ist das »Licht der reinen Intelligenz«, ein Licht ohne Farbe in dem uns geläufigen Sinn. Es ist reines, unverfälschtes Licht, unerreichbar unserer gewöhnlichen Vorstellungskraft, doch stets vorhanden und bereit, uns zu erleuchten. In diesem Licht sehen wir die Welt als ein Gebilde von Strukturen, die sich beständig aus dem immerwährenden, ruhenden Augenblick der Schöpfung entfalten.

Jetzt können wir *in* der Welt und doch nicht *von* der Welt sein. Wir sind wie ein Kelch aus dem Gold der Sonne, bereit, den Geist des Atems Seines Erbarmens zu empfangen.

Das ist das Ende der Übung. Bleiben Sie still noch eine Weile im Frieden des Begreifens sitzen. Allmählich wird Ihr Körper Ihnen wieder bewußt. Nehmen Sie Ihre Sinne als Freunde wahr, und denken Sie an unsere Verantwortung als Hüter dieses Planeten. Schauen Sie sich um, die Welt ist frisch und neu. Zeit, den normalen Alltag weiterzuführen.

22

Stirb, bevor du stirbst

Eine Frage aus der Mitte des Herzens zu stellen,
kann für unser Ego bedrohlich sein.

Es war einmal ein Wahrheitssucher, der gehört hatte, es gebe in einem fernen Land einen voll erleuchteten Menschen. So hoch sei er entwickelt, daß man nur zu ihm hingehen müsse, um ebenfalls volle Verwirklichung zu erfahren. Dieser Mann brauchte nicht mehr zu essen, er lag in einem Sarg. Die Schwierigkeit bestand nun darin, daß er von Leuten aus seinem Dorf bewacht wurde, die niemanden vorließen, den der Heilige für ungeeignet hielt. Er war zwar lebendig, mochte aber durchaus nicht jeden in seiner Nähe haben. »Manche sind einfach noch nicht so weit«, sagte er.

Unser Wahrheitssucher fand nach langer Reise das Dorf, und tatsächlich, da stand der Sarg, und darin lag eine in weiße Tücher gekleidete Gestalt. Die Augen waren geschlossen, und vier Männer umstanden den Sarg. Es war kühl und sehr still in diesem Raum. Der Suchende trat ein. Als er auf den Sarg zutrat, erscholl daraus eine Stimme. »Wer ist's?« fragte sie scharf. »Ich bin es«, sagte der Sucher. »Geh weg«, kam die Antwort. »Hier ist kein Platz für dich und mich.«

Das machte unseren Sucher traurig. Vom anderen Ende der Welt war er angereist, um solch einem Mann zu begegnen. Er reiste heim zu Frau und Kindern und betete um Weisung, was nun zu geschehen habe. »Nenne ihm deinen Namen«, sagte eine Stimme aus seinem Herzen.

Da sparte er und sparte, und als er das Geld beisammen hatte, machte er sich abermals auf zu dem Dorf. Der Mann lag immer noch dort im Sarg. Offenbar atmete er. Also alles in Ordnung. »Verzeiht«, sagte der Sucher. »Ich kam einen weiten Weg das letztemal und vergaß, Euch meinen Namen zu sagen, und so habt Ihr mich fortgeschickt.« Dann sprach er langsam und deutlich seinen Namen. Da rührte sich etwas im Sarg. Dann die unter Husten hervorgestoßenen Worte: »Geh weg. Ich sagte doch, daß hier kein Platz ist für dich und mich.«

Völlig geschlagen, wandte der Sucher sich abermals heimwärts. Aber diese Sehnsucht in seinem Herzen wollte einfach nicht vergehen. Etliche Jahre betete und sann er, und dann eines Tages, als er gerade zur Arbeit gehen wollte, begriff er. Es gibt nur Ein Absolutes Sein! Er vergewisserte sich, daß genügend Geld vorhanden sei, und reiste ein drittes Mal in das kleine Dorf. Seine Frau war von Herzen froh; vielleicht würde er diesmal finden, wonach ihn so sehr verlangte.

Das Dorf hatte sich nicht verändert. Vier Männer umstanden den Sarg. Der Erleuchtete lag still wie immer in seinem Sarg. Diesmal lief der Sucher geradewegs auf ihn zu. »Wer zum Donnerwetter ist das?« dröhnte es aus dem Sarg. »Ihr seid es«, antwortete der Sucher lächelnd. »Ha!« rief die eingehüllte Gestalt, schnellte mit weit geöffneten Augen hoch und lachte. Die Wächter suchten das Weite. »Gut«, sagte der Heilige, reckte sich und stieg aus dem Sarg. »Jetzt du. Mir wird's langweilig.«

Epilog

Der Wahrheit sterben heißt in *der Wahrheit sterben.*

Das Leben ist nicht mehr und nicht weniger als ein Experiment, das Gott für uns ersonnen hat, damit wir verstehen mögen. Es ist und war immer ein Experiment und wird immer eines sein. Ein kosmischer Scherz und doch kein Schabernack. Wir kommen in dieses Leben mit dem Atem, und wir verlassen es mit dem Atem. Zwischen diesen beiden Atemzügen läuft das große Experiment ab. Werden wir den Herren, unseren Gott, lieben, und werden wir unseren Nächsten lieben wie uns selbst? Wer sind wir? Wenn wir nicht wissen, wer oder was wir sind, wie wollen wir dann unseren Nächsten lieben wie uns selbst? Und wie wollen wir uns selbst erkennen, solange wir nicht jeden Begriff von uns selbst aufgeben, solange wir uns durch Begriffe von der Einen Göttlichen Einheit absondern?

Stellen Sie sich dieser Herausforderung!

Maui
Hawaii, 11. November 1987

Anhang
Der Mutter-Atem

Ich kann die Saat säen, doch ihr habt sie mit dem Atem zu tränken.

Die Atemübung, die ich vermittle, basiert auf einem natürlichen Rhythmus, der manchmal als »Mutter-Atem« bezeichnet wird. Es ist der Rhythmus 7-1-7-1-7. Er beruht auf einem der großen kosmischen Gesetze, dem Gesetz der Oktave. P. D. Ouspensky hat in seinem Buch *Auf der Suche nach dem Wunderbaren* ausführlich darüber geschrieben.

Die Übung besteht darin, bis sieben einzuatmen, einen Zähltakt zu pausieren, bis sieben auszuatmen und wieder einen Zähltakt zu pausieren. Nicht die Dauer der Atemzüge ist ausschlaggebend, sondern der Rhythmus. Jeder Mensch hat sein ganz eigenes Schrittempo und sollte bei dem bleiben, was sich für ihn natürlich anfühlt.

Anfangs kann es schwierig sein, in diesen Rhythmus zu kommen. Wenn unser Atem nicht in Harmonie ist mit dem Pulsschlag des Universums, dann bedarf es einiger Übung, bis wir zu dem zurückfinden, was eigentlich immer schon unser ist. Der Schoß des Augenblicks pulsiert in einem bestimmten Rhythmus, und diesem Rhythmus gleichen wir uns an durch die Übung des 7-1-7-1-7-Atmens.

Das Atmen ist uns so selbstverständlich, daß wir es nur selten wahrnehmen. Die Übung hat mehrere Dimensionen, doch zunächst kommt es darauf an, den Atem in Dankbarkeit für dieses Leben von Augenblick zu Augenblick zu verfolgen. Wir folgen dem Atem, wie er durch die Nase einströmt und wieder ausströmt, und gewöhnen uns an den Rhythmus 7-1-7-1-7.

Dann können wir mit der Lenkung des Atems beginnen. Wir haben in uns etwas, das manchmal »der Kessel« genannt wird; denken wir dabei etwa an einen Alchemistenkessel, in dem die

Verwandlung unedler Metalle in Gold stattfindet. Wir stellen uns den Kessel im Solarplexus vor und atmen in diese Gegend.

Beim Einatmen kommt es nicht nur darauf an, bewußt zu sein; wir müssen es auch in der Absicht tun, all das aufzunehmen, was wir brauchen, damit die Verwandlung stattfinden kann. Wir können Erdenergie einatmen oder magnetische Energie, Farbe, die Schwingungen der Mineralien oder des Pflanzenreiches und so weiter. Es ist durchaus möglich, aus allen Richtungen gleichzeitig in dieses Zentrum zu atmen. Es sollte eine freudige Erfahrung sein, die uns mit Staunen erfüllt über dieses herrliche Geschenk, lebendig zu sein.

Beim nächsten Schritt geht es um das Ausatmen. Was wir beim Einatmen aufgenommen haben, muß nun beim Ausatmen der wartenden Welt gegeben werden. Beim Ausatmen verlagern wir unsere Aufmerksamkeit vom Solarplexus in die Mitte der Brust. Wir visualisieren, wie unser Atem als Licht von diesem Zentrum her in alle Richtungen ausstrahlt. Jeder kann diesem Licht seine ganz eigene Liebe, seine guten Wünsche für alle Kreaturen Gottes mitgeben. Ich vergleiche dieses Herzzentrum manchmal mit einem Leuchtturm für alle vom Kurs abgekommenen Wahrheitssucher der Welt.

Insgesamt haben wir also folgenden Ablauf: Beim Einatmen bis sieben all das aufnehmen, was für den Wandlungsprozeß notwendig ist. Beim Pausieren lassen wir die Aufmerksamkeit vom Solarplexus zum Brustzentrum wandern und strahlen wieder bis sieben Licht aus, um dann für einen Zähltakt auszusetzen. Danach beginnt der Zyklus von neuem.

Mit der Zeit geht diese Übung uns in Fleisch und Blut über, und dann stellen wir auf einmal fest, daß wir immer häufiger zur rechten Zeit am rechten Ort sind und von Tag zu Tag »nützlicher« werden. Der Weg des Sufi wird auch als »Der Pfad der Liebe, des Erbarmens und des Dienens« bezeichnet. Wenn die Übung uns zur zweiten Natur geworden ist, empfinden wir die wahre Herrlichkeit dieser Gnade des lebendigen Atmens. Endlich wissen wir dann, daß wir geliebt werden, denn Gott ist Liebe, und – »es gibt keinen Gott außer Gott«.

Ich wünsche von ganzem Herzen, daß alle, die diese Botschaft hören, der Übung im rechten Geist nachgehen mögen. Im Laufe der Jahre werden Sie gewiß weitere Einzelheiten in Erfahrung bringen und diesem Grundrhythmus des Universums – dem Mutter-Atem, in dem der Schoß des Augenblicks pulsiert – hinzufügen können.

Möge es gelingen!

Gnade

Für die Speise, die wir essen,
und das Wasser, das wir trinken,
für die Wunder der Erde, des Meeres und des Himmels,
für Sonne und Regen, Mond und Sterne,
für Morgen und Abend,

für Deine Liebe, die offenbar wird
in der brüderlichen Gemeinschaft der Menschen,

für alle diese Gnaden
und so viele andere
danken wir Dir,
Vater.

Amen.

Weitere Titel von Reshad Feild

Ich ging den Weg des Derwisch

Das Abenteuer der Selbstfindung. Übersetzt von Frank Meyer.
3. Auflage, 200 Seiten, kart.

*»Kommt, kommt, wer ihr auch sein mögt: Wanderer, Anbeter,
alle, die ihr den Abschied liebt – ganz gleich. Kommt, auch wenn
ihr eure Schwüre schon tausendmal gebrochen habt. Unsere
Karawane heißt nicht Verzweiflung – kommt, und noch einmal,
kommt!«*

Maulana Dschelaleddin Rumi

Eines der erfolgreichsten Bücher des Sufismus in preiswerter
Neuausgabe: allein 80 000 Exemplare wurden bisher in Deutschland verkauft.
Schritt für Schritt erleben wir mit, wie ein junger Engländer in
die Geheimnisse des Weges der Derwische eingeweiht wird. Im
Denken seiner Kultur befangen, wird er vom Sufi-Meister Hamid mit Erfahrungen konfrontiert, die sein Weltbild erschüt-
tern. Der Prozeß eines Umdenkens beginnt...

Das Siegel des Derwisch

Übersetzt von Jochen Eggert
8. Auflage, 176 Seiten, kart.

»Reshad Feild kehrt aus der Welt des türkischen Sufismus in die
nüchterne Wirklichkeit des europäischen Lebens zurück. Er begegnet in London und Wales Menschen, die ihn spontan anzie-
hen, empfängt aus der Hand eines Sterbenden ›Das Siegel des
Derwisch‹ und erfährt seine Bedeutung: die Kraft, alle Illusionen abstreifen zu können und die Straße der Freiheit zu gehen.
Dies ist ein Buch der Erfahrung, ein sehr persönlich geschriebe-
ner Bericht eines westlichen Suchenden, der Fakten und Wissen
sammeln wollte und zu einem Sufi wurde.«   *Deutsche Welle*

Eugen Diederichs Verlag

Wege zum Islam

Annemarie Schimmel
Rumi

Ich bin Wind und du bist Feuer. Leben und Werk des großen Mystikers. Diederichs Gelbe Reihe 20. 4. Auflage. 232 Seiten mit 9 Abb. und Frontispiz

Unter allen mystischen Dichtern der islamischen Welt ist keiner so berühmt und so weit verehrt wie Maulana Dschelaladdin Rumi (gest. 1273), der eine Religion der Ekstase begründet hat, den noch heute lebendigen Orden der »Tanzenden Derwische«. – »Ein engagiertes Buch, in dem sowohl der sufische Mystiker als auch der Dichter in der Vielzahl seiner geistigen Bezüge kenntnisreich dargestellt wird.« *(Deutsche Zeitung)*

Gärten der Erkenntnis

Das Buch der vierzig Sufi-Meister. Ausgewählt und übertragen von Annemarie Schimmel. Diederichs Gelbe Reihe 37. 2. Auflage. Mit 40 Kalligraphien im Text. 272 Seiten

Dies ist ein historisches Lesebuch der islamischen Mystik und zugleich eine Art Lebensbuch. Vierzig sufische Meister werden in Lehre und Dichtung dargestellt. In dieser Vielfalt, in der reizvollen Verknüpfung von historischem Nacheinander und sprachkulturellem Nebeneinander wachsen die »Gärten der Erkenntnis«. Unübertroffen »an Solidität und Weite des Blicks« *(FAZ)*.

Eugen Diederichs Verlag

Ein Juwel der religiösen Weltliteratur

Maulana Dschelaladdin Rumi
Von Allem und vom Einen
(Fīhi mā fīhi)

Aus dem Persischen und Arabischen von Annemarie Schimmel.
Mit 66 Kalligraphien von Shams Anwari.
382 Seiten, Leinen

»Darin ist was darin ist«, so lautet die wörtliche Übersetzung von Rumis einzigem Prosawerk: ein Schatzhaus alles irdischen und göttlichen Wissens.

Der von ihm begründete Mevlevî-Orden der tanzenden Derwische, seine große Versepen Dīwān (36000 Verse) und Mathnawī (25000 Verse) sind dem Westen bekannt geworden, sein einziges Prosawerk, die Sammlung dieser »Gespräche« nicht. Es sind ganz auf Dialog gestimmte Lehrreden, wie wir sie auch von Konfuzius (Lun-yü), von Buddha (Suttas) und auch von Martin Luther (Tischreden) kennen.

Rumis Gespräche handeln vom Göttlichen und vom Profanen, vom Koran als Quelle der Inspiration, von Körpersprache, Behandlung der Frauen, juristischen und Alltagsproblemen.

»So wie der Wind in dieser Welt – er bläst und hebt den Rand des Teppichs, und die Matten werden unruhig und bewegen sich. Er wirbelt Abfall und Strohhälmchen in die Luft, läßt das Wasser des Teiches wie einen Kettenpanzer aussehen und Zweige und Bäume und Blätter tanzen und löscht die Lampen; er läßt das halbverbrannte Holz aufflackern und schürt das Feuer. Alle diese Zustände erscheinen unterschiedlich und verschieden; doch vom Gesichtspunkt des Objekts und der Wurzel und der Realität sind sie nur eines, denn die Bewegung kommt von einem Wind.«

Eugen Diederichs Verlag